本书获教育部人文社会科学研究青年基金项目"区域协调发展视角
成因及优化路径研究"（项目编号：18YJCZH
U0508126

三维人口红利空间差异实证研究

尹秀芳 ◎ 著

吉林大学出版社

·长 春·

图书在版编目（CIP）数据

三维人口红利空间差异实证研究 / 尹秀芳著. -- 长
春：吉林大学出版社，2023.8
ISBN 978-7-5768-1979-3

Ⅰ. ①三… Ⅱ. ①尹… Ⅲ. ①人口—问题—研究—中
国 Ⅳ. ① C924.24

中国国家版本馆 CIP 数据核字（2023）第 148799 号

书　　名：三维人口红利空间差异实证研究
　　　　　SANWEI RENKOU HONGLI KONGJIAN CHAYI SHIZHENG YANJIU
作　　者：尹秀芳
策划编辑：卢　婵
责任编辑：甄志忠
责任校对：张采逸
装帧设计：三仓学术
出版发行：吉林大学出版社
社　　址：长春市人民大街 4059 号
邮政编码：130021
发行电话：0431-89580028/29/21
网　　址：http://www.jlup.com.cn
电子邮箱：jldxcbs@sina.com
印　　刷：武汉鑫佳捷印务有限公司
开　　本：787mm×1092mm　　1/16
印　　张：12.75
字　　数：170 千字
版　　次：2023 年 8 月　第 1 版
印　　次：2023 年 8 月　第 1 次
书　　号：ISBN 978-7-5768-1979-3
定　　价：62.00 元

版权所有　翻印必究

前　言

　　人口红利源于对人口转变进程中人口结构变化所形成的年龄结构优势有效利用带来的经济增长效应。国内外学者围绕人口红利展开不同视角的研究已有几十年的时间。从人口红利机会窗口的探讨到人口红利的获取，再到人口红利的减弱趋势以及新型人口红利来源的挖掘，随着时间的推移和人口转变进程的持续推进，我国关于人口红利的研究内容和研究重点也随之发生了一定的变化，由对传统依靠人口年龄结构优势收获数量型人口红利逐步转向结构型人口红利和质量型人口红利的挖掘与收获。当前，用数据发现并比较我国数量型、结构型和质量型人口红利的人口基础和人口红利水平，是现阶段人口红利研究的重点内容之一，其具体研究的展开对充实人口红利的理论和促进地区经济增长都具有十分重要的意义。

　　面对新形势下我国人口结构的发展变化，本书主要以实证分析为研究方法，按照"三种类型人口红利的人口基础—数量型、结构型、质量型人口红利水平与差异—结论与展望"的研究思路，从数量型人口红利、结构型人口红利和质量型人口红利三个层面分别构建对应的估算模型测算全国、省级行政区及城市层面三种不同类型的人口红利水平，探讨三维人口红利呈现的空间差异问题，并提出有针对性的对策建议。本书的研究内容主要包括以下六个部分：

第 1 章三维人口红利人口基础分析是整个研究的起点。该部分主要通过描述性统计分析的方式对三种类型人口红利的人口基础展开分析。第一，基于人口年龄结构维度从整体和五大城市群区域两个层面分析数量型人口红利的人口基础。第二，通过流动人口占比和城镇化率两个指标基于五普、六普和七普的数据分析全国及省级行政区层面结构型人口红利的人口基础，并进一步探索 2000—2020 年期间五大城市群整体及各城市群内部的城镇化发展水平。第三，基于健康人力资本和教育人力资本维度分析质量型人口红利的人口基础。其中，健康人力资本用婴儿死亡率和孕产妇死亡率两个指标衡量，教育人力资本则用人均受教育年限予以表征。

第 2 章至第 5 章分别构建了不同模型分析三种类型的人口红利空间水平及其差异。第 2 章以陈友华（2008）的研究模型为基础，结合中国人均预期寿命的变化，以 1994 年的瑞典人口生命表为参照，对数量型人口红利测算模型进行调整。在此基础上，分析 2000—2020 年期间全国及华东、华南、华中、华北、西北、西南和东北七个区域各省、自治区、直辖市的数量型人口红利水平和差异。同时，选择 2000 年、2010 年和 2020 年三个年份对五大城市群内各城市的数量型人口红利水平及差异展开了进一步的研究。

第 3 章分析结构型人口红利的空间水平。首先，以孙学涛（2020）和孙学涛、张广胜（2020）的结构红利模型基本思路为基础，结合本研究的需要进行调整。其次，基于 DEA-Malmquist 指数法测算了 2000—2020 年期间省级行政区层面农业和非农产业部门全要素生产率。第三，根据结构型人口红利测算模型和全要素生产率数据估算研究期间内全国及各省、自治区、直辖市历年的结构红利水平并分析其差异。

第 4 章研究质量型人口红利的空间水平。首先，探讨了人力资本水平的测算方法，并以此为基础分别估算了省级行政区及五大城市群内城市层面 2000—2020 年期间的人力资本水平。其次，对高春亮（2020）的模型予以调整并用以测算省级行政区及五大城市群层面的质量型人口红利水平。第三，对省级行政区及城市群层面的质量型人口红利空间水平差异展开了分析。

鉴于创新资源集聚有助于质量型人口红利的获取，第 5 章研究了创新资源集聚的经济效应。首先，介绍了基于熵值法的创新资源集聚度和基于超越对数生产函数的全要素生产率的测算方法。其次，对研究期间内样本城市的创新资源集聚度和全要素生产率进行了测算。第三，构建模型分析了创新资源集聚度对全要素生产率的影响，并探索了发挥创新要素集聚效应的途径。

第 6 章是结论与展望。通过对数量型、结构型和质量型人口红利的研究结论予以总结，从挖掘劳动力供给潜力、提高老龄人口消费水平、优化劳动力空间配置、提升劳动力供给质量和增强产业与劳动力结构匹配度等方面提出了有针对性的对策建议。本书的最后，对未来研究方向与思路进行了进一步的思考。

本书为教育部人文社会科学研究青年基金项目"区域协调发展视角下三维人口红利空间差异、成因及优化路径研究（18YJCZH228）"的研究成果，写作过程中吸纳了不少研究者的建设性意见，书后列出了本书引用的相关参考文献。非常感谢给予帮助的所有人，书中的纰漏和不妥，还请见谅和斧正。

尹秀芳

2023 年 5 月

目　录

第 1 章　三维人口红利人口基础分析

1.1　数量型人口红利的人口基础

1.1.1　人口年龄结构的整体概况

人口转变进程中具有较强劳动生产率的劳动年龄人口占比较高而需要被抚养的少儿人口和老年人口占比较低，整个社会具有较强的生产性，这有利于实现传统的数量型人口红利。与其他国家的人口转变不同，中国的计划生育政策加速了这一进程，使数量型人口红利的收获时间提前。鉴于2000 年以来，中国的计划生育政策由严格控制人口数量转向以利益导向为主，并且 2020 年部分省级行政区的数据存在缺失情况，本部分以 2000—2019 年这 20 年为研究期间，分析这一时间范围内各类抚养比和国内生产总值的变化趋势，以展示数量型人口红利人口基础的总体概况。

如图 1-1 所示，老年抚养比一直呈上升趋势，由 2000 年的 9.9% 增至2019 年的 17.8%，增幅为 79.8%。从整体上看，少儿抚养比由 2000 年的32.6% 下降到了 23.8%，降幅为 27%。具体来看，整个研究期间内少儿抚养比的变化趋势可以分为两个阶段。第一阶段是 2000—2010 年，在这一

期间,少儿抚养比一直处于下降趋势,降至 2010 年的 22.3%。第二阶段是
2011—2019 年,在这一期间,少儿抚养比呈现上升趋势,增幅为 7.69%。
在少儿抚养比和老年抚养比的共同作用下,总抚养比总体上呈现先下降后
上升的变化趋势。与少儿抚养比的变化趋势类似,在 2000—2010 年期间,
总抚养比由 42.6% 下降至 34.2%,降幅为 19.72%。而在 2011—2019 年期间,
总抚养比则由 34.4% 上升至 41.5%,增幅为 20.64%。从国内生产总值(GDP)
的变化趋势来看,虽然在 2000—2019 年期间,以 2000 年为基期的 GDP 的
绝对值在波动中逐渐上升,但其增长率整体上呈现先上升后下降的趋势。
2001 年的 GDP 比 2000 年增长了 2.08%,2011 年的 GDP 比 2010 年增长的
比率高达 8.03%,而 2019 年的 GDP 比 2018 年增长的幅度又降至 1.59%。
由此可见,研究期间内 GDP 的变化趋势与少儿抚养比和总抚养比的变化趋
势存在一定的关联性。在 2010 年之前,随着少儿抚养比和总抚养比的下降,
GDP 的增长率整体上呈现上升趋势。而在 2011 年之后,随着少儿抚养比
和总抚养比的上升,GDP 的增长率整体上呈现下降趋势。

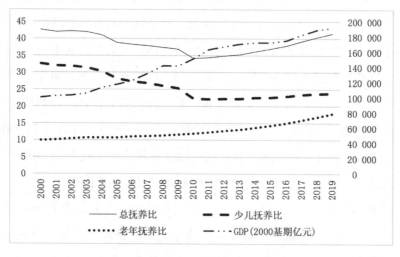

图 1-1　2000—2019 年期间各类抚养比及 GDP 变化趋势

资料来源:历年《中国统计年鉴》。

　　根据图 1-1 展示的 2000—2019 年期间全国总抚养比、少儿抚养比和老年抚养比的变化情况，我们可以观察到在 2000 年、2005 年、2010 年和 2019 年，总抚养比和少儿抚养比都经历了下降和上升的趋势，而老年抚养比则呈现出持续上升的趋势。基于这一观察，本书选择了 2000 年、2005 年、2010 年和 2019 年作为典型年份，对全国 31 个省、自治区、直辖市这四个年份的总抚养比和人均 GDP 进行了分析，详见图 1-2 和图 1-3。

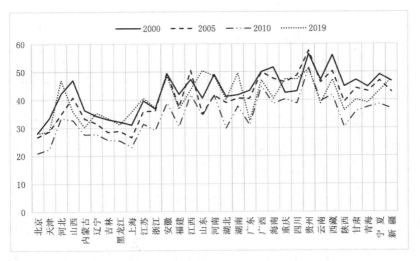

图 1-2　2000 年、2005 年、2010 年、2019 年总抚养比

资料来源：历年《中国统计年鉴》。

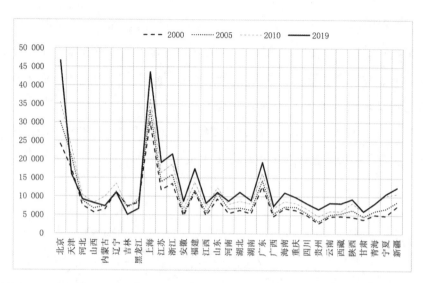

图 1-3　2000 年、2005 年、2010 年、2019 年（2000 年为基期）的人均 GDP

资料来源：历年《中国统计年鉴》。

由图 1-2 所示，对比这四个年份全国各省、自治区、直辖市的总抚养比变化情况，大部分省级行政区的总抚养比呈现出先降后升的变化趋势。然而，与 2000 年和 2019 年的总抚养比相比，不同省级行政区表现出不同的结果。从上文的分析可知，全国整体的总抚养比虽然经历了先降后升的动态变化过程，但总抚养比最终从 2000 年的 42.6% 下降至 2019 年的41.5%。具体到各省级行政区的变化情况，北京、天津、山西、内蒙古、黑龙江、福建、河南、湖北、广东、广西、海南、西藏、陕西、甘肃、青海和宁夏 16 个省、自治区、直辖市的总抚养比经历了先降后升的趋势，并且 2019 年的总抚养比低于 2000 年。而河北、辽宁、吉林、上海、江苏、浙江、山东、湖南和新疆等 9 个省、自治区、直辖市的总抚养比虽然也是先降后升，但 2019 年的总抚养比高于 2000 年。其他省级行政区的总抚养比变化各有差异，例如重庆和四川的总抚养比表现出先增后降再增的趋势，贵州的总抚养比 2000—2005 年呈上升趋势，但之后一直呈下降态势，而云南的总抚养比则在这五年间一直呈下降态势。

对比图 1-2 和图 1-3 可以发现，在 2000 年、2005 年、2010 年和 2019 年这四个年份中，北京的总抚养比相对较低，分别为 28.20%、26.74%、20.94% 和 28.01%；而以 2000 年为基期的人均 GDP 相对较高，分别为 24 127.44 元、30 073.03 元、35 480.09 元和 46 647.62 元。类似地，上海在这四个年份也表现出总抚养比相对较低而人均 GDP 相对较高的特点。2000 年、2005 年、2010 年和 2019 年上海的总抚养比分别为 31.09%、26.53%、23.06% 和 35.68%，而人均 GDP 分别为 30 047 元、33 212.49 元、36 186.72 元和 43 544.34 元。而贵州在研究期间的四个年份总抚养比相对较高，分别为 56.46%、57.58%、51.45% 和 51.12%，而以 2000 年为基期的人均 GDP 相对较低，分别为 2 759 元、3 247.90 元、4 674.48 元和 6 576.51 元。由此可见，总抚养比和人均 GDP 之间存在一定的负相关关系，总抚养比相对较低时，人均 GDP 相对较高；反之，总抚养比相对较高时，人均 GDP 相对较低。

1.1.2　人口年龄结构的区域概况

为了进一步了解人口年龄结构的区域概况，本部分选择了长三角、珠三角、京津冀、长江中游城市群和成渝城市群五个城市群 95 个城市的总抚养比、少儿抚养比和老年抚养比进行分析，数据来源为 2000 年、2010 年和 2020 年组织的第五、六、七次人口普查数据。其中，长三角城市群包含上海、江苏、浙江、安徽三省一市共 26 个城市；珠三角城市群包含广佛肇、深莞惠和珠中江共计 9 个城市；京津冀城市群包含北京、天津、石家庄、张家口、秦皇岛、唐山、保定、廊坊、邢台、邯郸、衡水、沧州、承德共 13 个城市；长江中游城市群涵盖湖北 13 市、湖南 8 市以及江西 10 市；成渝城市群则包含四川省的 15 个城市以及重庆市。通过对各个城市群不同年份各类抚养比的均值、标准差、10% 分位数、25% 分位数、50% 分位数、75% 分位数以及 90% 分位数的对比分析，反映数量型人口红利在不同区域获取的可能性大小，结果详见表1-1、表1-2和表1-3。

表1-1 2000年五大城市群各类抚养比分布状况

城市群	指标	均值	标准差	10%分位数	25%分位数	50%分位数	75%分位数	90%分位数
长三角	总抚养比	38.25	5.81	31.57	33.70	37.46	41.07	47.73
	少儿抚养比	26.05	6.15	19.51	21.46	24.93	29.05	36.27
	老年抚养比	12.20	1.73	10.34	11.11	11.82	13.05	14.62
珠三角	总抚养比	29.29	12.87	10.90	19.10	26.90	42.52	0
	少儿抚养比	22.48	9.26	9.48	15.03	21.17	32.00	0
	老年抚养比	6.81	3.74	1.42	3.71	6.19	9.98	0
京津冀	总抚养比	40.56	4.89	30.31	39.41	41.38	44.52	45.28
	少儿抚养比	30.29	5.39	19.42	28.25	31.01	34.49	36.26
	老年抚养比	10.27	0.77	9.02	9.72	10.15	10.97	11.31
长江中游城市群	总抚养比	42.91	4.45	36.57	39.86	44.09	46.46	47.15
	少儿抚养比	33.61	4.88	25.29	29.26	35.05	37.67	39.18
	老年抚养比	9.30	1.19	7.91	8.37	8.96	10.34	11.38
成渝城市群	总抚养比	43.23	5.30	35.66	39.28	42.89	46.63	50.72
	少儿抚养比	31.89	5.26	24.53	27.95	31.47	34.81	39.89
	老年抚养比	11.34	0.81	10.27	10.70	11.34	11.74	12.74

资料来源：各省市统计年鉴。

表1-2 2010年五大城市群各类抚养比分布状况

城市群	指标	均值	标准差	10%分位数	25%分位数	50%分位数	75%分位数	90%分位数
长三角	总抚养比	30.08	4.92	23.05	25.94	29.92	35.30	36.89
	少儿抚养比	16.37	3.54	11.55	13.98	16.00	18.79	22.29
	老年抚养比	13.71	2.70	10.89	11.87	13.20	14.33	17.31
珠三角	总抚养比	23.78	9.72	11.74	16.31	22.09	30.62	0
	少儿抚养比	16.79	6.42	9.22	12.63	14.34	20.83	0
	老年抚养比	6.99	3.70	2.07	3.90	6.34	9.97	0
京津冀	总抚养比	31.55	5.02	21.52	30.03	32.78	35.27	37.31
	少儿抚养比	20.44	4.91	11.04	18.93	21.40	23.60	26.92
	老年抚养比	11.11	1.22	9.66	10.24	10.85	11.83	13.37
长江中游城市群	总抚养比	34.87	5.79	27.77	30.29	34.12	40.37	41.80
	少儿抚养比	22.99	6.04	15.30	17.58	22.09	28.92	31.10
	老年抚养比	11.88	1.70	9.98	10.43	11.67	13.32	14.76
成渝城市群	总抚养比	39.20	6.27	30.73	35.64	38.77	44.51	48.38
	少儿抚养比	23.33	5.27	16.23	19.05	23.44	28.34	30.99
	老年抚养比	15.87	2.88	10.81	15.40	16.03	17.67	19.35

资料来源：各省市统计年鉴。

表 1-3　2020 年五大城市群各类抚养比分布状况

城市群	指标	均值	标准差	10%分位数	25%分位数	50%分位数	75%分位数	90%分位数
长三角	总抚养比	42.24	6.46	34.38	35.81	40.76	47.61	51.36
	少儿抚养比	18.97	3.11	15.45	16.52	18.64	21.07	23.37
	老年抚养比	23.27	5.26	16.42	18.92	23.30	25.91	31.44
珠三角	总抚养比	31.81	9.91	19.99	25.05	28.97	39.50	0
	少儿抚养比	21.86	5.71	15.74	18.11	20.03	25.62	0
	老年抚养比	9.95	5.12	3.94	5.94	9.43	13.94	0
京津冀	总抚养比	49.06	7.56	35.94	45.88	48.24	55.96	59.75
	少儿抚养比	27.80	7.34	17.05	22.39	28.45	32.55	40.02
	老年抚养比	21.26	2.73	17.34	19.06	20.64	23.67	25.60
长江中游城市群	总抚养比	48.98	6.21	39.11	46.26	50.29	53.52	55.59
	少儿抚养比	27.81	5.98	19.63	23.00	27.20	32.94	35.82
	老年抚养比	21.17	3.63	15.95	18.42	20.44	23.60	26.21
成渝城市群	总抚养比	52.92	6.31	44.59	49.40	53.54	56.93	60.80
	少儿抚养比	24.05	3.25	19.16	21.18	24.08	27.40	28.48
	老年抚养比	28.87	4.37	22.43	25.92	29.56	31.12	34.87

资料来源：各省市统计年鉴。

由表 1-1 可知，2000 年五大城市群各类抚养比之间存在较大的差异。从总抚养比来看，五大城市群总抚养比均值由大到小的顺序依次是成渝城市群、长江中游城市群、京津冀城市群、长三角城市群和珠三角城市群，显示出 2000 年五大城市群中成渝城市群的总抚养比均值相对较大，数量型人口红利获取的可能性较其他城市群要小。与此同时，珠三角城市群的总抚养比均值相对较小，数量型人口红利获取的可能性较其他城市群则要大。此外，从各个分位数的数值来看，珠三角城市群的对应值均小于其他城市群，进一步说明了珠三角城市群的人口年龄结构相对年轻，劳动年龄结构优势明显，收获数量型人口红利的概率相对较高。从抚养比的结构看，长江中游城市群少儿抚养比的均值及各个分位数所对应的值在五大城市群中相对较高，而珠三角城市群所对应的值相对较低，这说明长江中游城市群的少儿抚养负担压力相对较大，而珠三角城市群的少儿负担压力相对较小。同时，长三角城市群老年抚养比的均值及各个分位数所对应的值在五大城市群中相对较高，而珠三角城市群所对应的值相对较低，这说明长三角城市群的老年抚养负担压力相对较大，而珠三角城市群的老年负担压力相对较小。珠三角城市群人口抚养负担压力相对较小、数量型人口红利可获性概率更大的结论得到再一次证实。

由表1-2可知，2010年五大城市群总抚养比均值大小的排序以及珠三角城市群各个分位数值的排序与2000年保持一致。这说明从2000—2010年这十年间，珠三角城市群的人口年龄结构优势依然存在，在五大城市群中最有可能获取数量型人口红利，且红利的收获期相对较长。相反地，成渝城市群的人口年龄结构优势不及其他四个城市群，人口抚养负担相对较重，因此收获数量型人口红利的概率相对较低。从少儿抚养比和老年抚养比两个指标来看，成渝城市群的均值及各个分位数所对应的值在五大城市群中相对较高，而珠三角城市群所对应的值相对较低。这说明成渝城市群的总抚养比高主要是由于少儿抚养比高和老年抚养比高共同造成的，而珠三角城市群正是因为少儿抚养比高和老年抚养比偏低才为收获数量型人口红利创造了有利条件。

由表1-3可知，2020年五大城市群的总抚养比均值及各个分位数的排序基本上与2000年和2010年的对应值保持一致。成渝城市群的各个对应值在排序中均为最大，而珠三角城市群的各个对应值排序均为最小，显示出珠三角的人口年龄结构优势明显优于其他四个城市群，而成渝城市群在五大城市群中的人口年龄结构劣势最明显，最不利于获取数量型人口红利。与2000年和2010年不同的是，成渝城市群总抚养比高的主要原因在于其老年抚养比偏高，这可以从2020年成渝城市群老年抚养比的均值以及第10、25、50、75分位数的值均高居五大城市群之首这一点反映出来。因此，人口结构的老化问题可能是成渝城市群当前面临的最主要问题。另一方面，珠三角城市群良好的人口年龄结构优势则是由其少儿抚养比和老年抚养比均较低共同形成的。具体来看，珠三角少儿抚养比的均值以及第 10、25、50、75 分位数的值仅高于长三角城市群，在五大城市群中排在第四位，而其老年抚养比的均值以及第 10、25、50、75 分位数的值则是五大城市群中最低的。

对比表 1-1、表 1-2 和表 1-3 可以发现，五大城市群 2000 年、2010 年和 2020 年的同类抚养比表现出较高的一致性。从总抚养比看，五个城市群在这三个年份都呈现出先下降后上升的趋势。与此类似，少儿抚养比也表现出先减后增的趋势。然而，老年抚养比则在研究期间内呈现出持续上升的状态。由此可见，人口年龄结构老化是五大城市群面临的共同问题，也在一定程度上反映了中国社会当前面临的现状。这也是中国数量型人口红利逐渐削弱的重要原因之一。少儿抚养比 2010—2020 年呈现出上升的趋势，其原因之一是因为自 2010 年以来，中国陆续出台并实施了双独二孩政策、单独二孩政策、全面二孩政策、三孩政策等生育政策，以提高出生率，并应对中国当前面临的人口老龄化趋势。

1.2　结构型人口红利的人口基础

结构型人口红利指劳动力通过由生产效率较低的部门或产业流向生产效率较高的部门或产业实现要素配置的优化，从而带来地区经济的增长。现有文献一般采用流动人口规模及占比、流动人口产业分布结构和城镇化率等指标来衡量结构型人口红利的概况。为了了解中国当前结构型人口红利人口基础的现状，基于数据的可得性，本部分利用第五次、第六次和第七次全国人口普查数据，从流动人口占比、城镇化率等指标分析全国和 31 个省、市、自治区的结构型人口红利人口基础的总体概况。

1.2.1 流动人口概况

表1-4中，流动人口占比指标采用户口在外地人数与总人口数的比例，省内流动人口占比指标采用户口在省内但不在本地的人数占户口在外地的总人数的值，省外流动人口占比指标则采用户口在省外的人数占户口在外地的总人数的值。总体而言，2000年、2010年、2020年全国和31个省、自治区、直辖市的流动人口占比呈持续增长的趋势，显示出流动人口的规模日趋增大。如从全国的流动人口占比数据看，2000年流动人口占全国总人口的比重为0.116 2，2010年该比值上升至0.195 8，而2020年流动人口占比则高达0.349 5，是2000年的3倍。从省内流动人口占比和省外流动人口占比这两个指标来看，河北、山西、吉林、黑龙江、河南、广东、海南、贵州、云南、陕西、甘肃、宁夏、新疆这十三个省、自治区、直辖市在2000—2010年这十年间省内流动人口占比均有不同程度的增长，而省外流动人口占比则呈下降趋势。其他省、自治区、直辖市在这十年间的省内流动人口占比和省外流动人口占比则与前述十三个省级行政区相反。对于2010—2020年省内流动人口占比和省外流动人口占比的变化趋势，除湖北省外，其他省、自治区、直辖市的省内流动人口占比均有不同程度的增长，而省外流动人口占比则呈下降趋势。因此，总体而言，2000—2020年这二十年间流动人口规模不断增大，为要素在不同地区的优化配置和结构型人口红利的获取创造了有利的条件。其中，2000—2010年这十年间，大部分省级行政区呈现出省外流动人口规模增加的现象，即这一阶段的结构型人口红利的获取主要来自跨省级行政区的流动。而2010—2020年这十年间，绝大部分省级行政区则呈现出省内流动人口增加的现象，说明这一阶段的结构型人口红利的获取主要来源于省级行政区不同地区间劳动力的流动。

表 1-4　五普、六普、七普全国及各省、自治区、直辖市流动人口现状

年份地区	2000 年			2010 年			2020 年		
	流动人口占比	省内流动人口占比	省外流动人口占比	流动人口占比	省内流动人口占比	省外流动人口占比	流动人口占比	省内流动人口占比	省外流动人口占比
全国	0.116 2	0.706 2	0.293 8	0.195 8	0.670 9	0.329 1	0.349 5	0.746 7	0.253 3
北京	0.341 8	0.468 9	0.531 1	0.535 3	0.329 0	0.671 0	0.612 5	0.372 2	0.627 8
天津	0.221 5	0.663 1	0.336 9	0.382 7	0.395 9	0.604 1	0.467 3	0.454 5	0.545 5
河北	0.073 2	0.809 4	0.190 6	0.115 5	0.830 7	0.169 3	0.265 1	0.840 4	0.159 6
山西	0.114 6	0.820 6	0.179 4	0.189 4	0.862 3	0.137 7	0.369 2	0.874 3	0.125 7
内蒙古	0.164 1	0.856 9	0.143 1	0.290 2	0.798 6	0.201 4	0.476 6	0.852 9	0.147 1
辽宁	0.155 0	0.838 8	0.161 2	0.212 8	0.808 1	0.191 9	0.367 9	0.818 3	0.181 7
吉林	0.110 0	0.895 4	0.104 6	0.162 5	0.897 7	0.102 3	0.430 0	0.903 2	0.096 8
黑龙江	0.104 0	0.897 4	0.102 6	0.145 1	0.908 9	0.091 1	0.362 6	0.928 2	0.071 8
上海	0.328 2	0.417 8	0.582 2	0.551 1	0.292 3	0.707 7	0.608 5	0.307 6	0.692 4
江苏	0.124 6	0.721 2	0.278 8	0.231 7	0.595 1	0.404 9	0.353 8	0.656 1	0.343 9
浙江	0.187 2	0.571 0	0.429 0	0.365 6	0.405 9	0.594 1	0.466 3	0.462 4	0.537 6
安徽	0.060 3	0.935 3	0.064 7	0.119 3	0.899 0	0.101 0	0.296 6	0.914 3	0.085 7
福建	0.173 4	0.637 1	0.362 9	0.300 2	0.610 5	0.389 5	0.396 4	0.703 0	0.297 0
江西	0.083 3	0.924 8	0.075 2	0.119 0	0.886 9	0.113 1	0.299 2	0.905 4	0.094 6
山东	0.083 0	0.861 6	0.138 4	0.143 0	0.845 6	0.154 4	0.276 1	0.852 7	0.147 3
河南	0.057 0	0.908 4	0.091 6	0.103 8	0.939 4	0.060 6	0.258 0	0.950 3	0.049 7
湖北	0.095 9	0.893 1	0.106 9	0.161 6	0.890 4	0.109 6	0.319 9	0.878 2	0.121 8
湖南	0.069 5	0.920 6	0.079 4	0.120 2	0.908 2	0.091 8	0.264 5	0.910 2	0.089 8
广东	0.296 9	0.404 7	0.595 3	0.352 8	0.415 9	0.584 1	0.481 2	0.511 5	0.488 5
广西	0.073 8	0.867 6	0.132 4	0.136 7	0.866 2	0.133 8	0.264 1	0.897 3	0.102 7
海南	0.129 4	0.609 7	0.390 3	0.212 6	0.680 8	0.319 2	0.347 0	0.688 9	0.311 1
重庆	0.086 0	0.846 4	0.153 6	0.188 6	0.826 3	0.173 7	0.408 6	0.832 5	0.167 5
四川	0.080 9	0.919 6	0.080 4	0.145 9	0.903 8	0.096 2	0.332 5	0.906 9	0.093 1
贵州	0.068 5	0.830 9	0.169 1	0.133 2	0.835 1	0.164 9	0.303 3	0.902 0	0.098 0
云南	0.091 4	0.699 2	0.300 8	0.131 7	0.795 7	0.204 3	0.258 6	0.817 3	0.182 7
西藏	0.081 7	0.491 7	0.508 3	0.087 3	0.368 6	0.631 4	0.282 6	0.605 2	0.394 8
陕西	0.066 9	0.819 9	0.180 1	0.157 9	0.834 7	0.165 3	0.335 6	0.854 2	0.145 8
甘肃	0.062 0	0.853 6	0.146 4	0.121 7	0.860 9	0.139 1	0.293 9	0.895 9	0.104 1
青海	0.108 2	0.761 9	0.238 1	0.202 8	0.720 9	0.279 1	0.349 5	0.798 5	0.201 5
宁夏	0.122 6	0.714 7	0.285 3	0.243 5	0.759 9	0.240 1	0.466 9	0.799 2	0.200 8
新疆	0.153 3	0.501 3	0.498 7	0.196 0	0.581 1	0.418 9	0.343 0	0.617 6	0.382 4

资料来源：根据五普、六普、七普数据进行计算整理。

1.2.2 城镇化率概况

图 1-4 显示了 2000 年、2010 年以及 2020 年全国及不同省、自治区、直辖市的城镇化率。从总体上看，随着时间的推移，全国及各省、自治区、直辖市的城镇化率呈逐步增长的趋势。根据已有的国内外文献研究，一般都认同美国地理学家 Northam 提出城市化进程中 30% 和 70% 两个城镇化率的拐点。基于这两个拐点城镇化可以分为城镇化水平低于 30% 的初期阶段、城镇化水平介于 30% ~ 70% 之间的中期阶段和城镇化水平高于 70% 的后期阶段。魏后凯（2011）认为介于 30% ~ 70% 之间的中期阶段是城镇化水平可以实现提升的阶段，以 50% 为临界点，又可以细分为 30% ~ 50% 的加速阶段和 50% ~ 70% 的减速阶段。张车伟（2018）则认为，人口城镇化进程可以分为低于 50% 的前期阶段、介于 50% ~ 70% 之间的中期阶段和介于 70% ~ 80% 之间的后期阶段。当城镇化水平超过 80% 以后，则标志着城镇化已经完成。本部分按照魏后凯（2011）对于城镇化水平阶段的划分进行相关数据的分析。

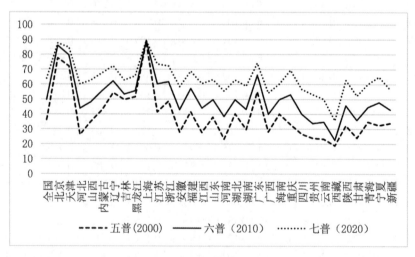

图 1-4　2000 年、2010 年、2020 年全国及各省、自治区、直辖市城镇化率

资料来源：根据五普、六普、七普数据进行计算整理。

　　从总体上看，2000—2020 年期间，全国及各省、自治区、直辖市的城镇化率呈持续上升的趋势。从全国层面来看，2000 年、2010 年和 2020 年的人口城镇化率分别为 36.22%、49.68% 和 63.89%，两个阶段的增长率分别为 37.16% 和 28.60%。其中，2000 年和 2010 年全国的城镇化水平处于中期的加速阶段，而 2020 年的城镇化水平已超过 50%，进入了中期的减速阶段。

　　从各省、自治区、直辖市层面来看，2000 年包括河北、安徽、江西、河南、湖南、广西、四川、贵州、云南、西藏和甘肃在内的 11 个省级行政区的城镇化水平处于低于 30% 的初级阶段，山西、内蒙古、吉林、江苏、浙江、福建、山东、湖北、海南、重庆、陕西、青海、宁夏和新疆等 14 个省级行政区的城镇化水平处于 30% ～ 50% 的中期加速阶段，而辽宁、黑龙江、广东 3 个省级行政区和北京、天津、上海 3 个城市的城镇化水平分别处于 50% ～ 70% 的中期减速阶段和高于 70% 的后期阶段。早在 2000 年，北京、天津和上海 3 个城市的城镇化水平就分别达到了 77.54%、71.99% 和 88.31%，已经进入了城镇化水平的后期阶段。随着城镇化水平的不断提升，西藏的城镇化水平从 2000 年的 18.93% 增至 2010 年的 22.67%，但仍然处于 30% 以下的初级阶段，这也是 2010 年唯一一个处于城镇化水平初级阶段的地区。相对于 2000 年，城镇化水平处于 50% ～ 70% 中期减速阶段的省级行政区除了辽宁、黑龙江和广东之外，又新增了内蒙古、吉林、江苏、浙江、福建和重庆 6 个省、自治区、直辖市，而城镇化水平处于高于 70% 的后期阶段的城市仍然是北京、天津和上海三大城市，其对应的城镇化水平分别为 85.96%、79.55% 和 89.30%。余下的 18 个省级行政区的城镇化水平则处于 30% ～ 50% 的中期加速阶段。到了 2020 年，全国所有省、自治区、直辖市的城镇化水平已经走出了低于 30% 的初级阶段，只有西藏的城镇化水平仍处于 30% ～ 50% 的中期加速阶段，为 35.73%。北京、天津和上海 3 个城市的城镇化水平分别增至 87.55%、84.7% 和 89.30%。此外，2020 年城镇化水平处于高于 70% 后期阶段的省级行政区还有辽宁、江苏、浙江和广东四个省份，其值分别为 72.14%、73.44%、72.17% 和 74.15%。

为了更好地了解城镇化率的区域发展水平，本部分从 2000—2020 年五大城市群整体城镇化率的现状（图 1-5）以及五大城市群内部各城市的城镇化水平（见表 1-5 至表 1-9）两个层面进行详细分析。

图 1-5 显示，总体而言，2000—2020 年期间五大城市群的城镇化水平在不同程度上均得到了提升。2000 年、2010 年和 2020 年三个不同年份中，五大城市群的城镇化水平基本上呈现出珠三角城市群最高，长三角城市群次之，成渝城市群则最低，而京津冀城市群和长江中游城市群的城镇化水平介于两者之间。对于成渝城市群而言，未来应着眼于进一步提升城镇化水平，为获得更多的结构型人口红利创造条件。

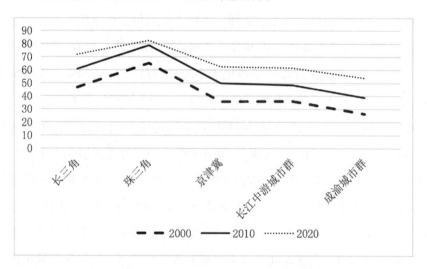

图 1-5 2000 年、2010 年、2020 年五大城市群城镇化率现状

资料来源：五普、六普、七普资料数据。

表 1-5 显示了 2000—2020 年长三角城市群的城镇化水平。除上海和铜陵两个城市在 2010—2020 年期间的城镇化率出现负增长外，长三角其他城市在这段时间内均实现了不同程度的增长。上海、南京和杭州这三个

城市一直位居长三角城市群城镇化水平的前三位。从不同年份来看，26 个城市中 2000 年处于城镇化水平低于 30% 的初级阶段的有宣城、安庆、池州、滁州 4 个城市。大部分城市的城镇化水平处于 30% ~ 70% 的中期阶段，其中，南通、盐城、嘉兴、湖州、泰州、扬州、芜湖、合肥、金华和绍兴 10 个城市的城镇化水平位于 30% ~ 50% 的中期加速阶段，马鞍山、镇江、台州、常州、宁波、舟山、苏州、铜陵、无锡和杭州 10 个城市的城镇化水平位于 50% ~ 70% 的中期减速阶段。只有南京和上海两个城市的城镇化水平超过了 70%，分别为 71.1% 和 89.3%，位于城镇化发展的后期阶段。

表 1-5　2000 年、2010 年、2020 年长三角城市群城镇化水平

%

序号	长三角	2000 年	2010 年	2020 年
1	上海	89.3	89.3	88.31
2	南京	71.1	78.5	86.8
3	无锡	58.3	71	82.79
4	常州	53.9	63.9	77.07
5	苏州	57.1	70.6	81.72
6	南通	33.5	56	70.44
7	盐城	35.6	52.5	64.11
8	扬州	42.7	56.7	71.03
9	镇江	50.4	62	79.45
10	泰州	39.4	55.7	68.06
11	杭州	58.64	73.3	83.29
12	宁波	55.75	68.59	78.00
13	嘉兴	38	53.3	72.2
14	湖州	38.72	52.89	65.64
15	绍兴	48.68	58.58	71.02
16	金华	45.35	58.97	68.19
17	舟山	56.03	63.59	71.89
18	台州	51.53	55.54	61.98
19	合肥	43.96	68.17	82.28
20	芜湖	42.78	65.18	72.31
21	马鞍山	50.34	68.76	71.69
22	铜陵	57.43	72.69	66.17
23	安庆	22.34	36.78	55.52
24	滁州	27.21	38.35	55.51
25	池州	23.32	44.41	59.68
26	宣城	21.63	43.29	60.82

资料来源：五普、六普、七普资料数据。

2010 年的数据显示，26 个城市的城镇化水平都已进入中期阶段或后期阶段。其中，安庆、滁州、宣城和池州 4 个城市的城镇化水平分别为 36.78%、38.35%、43.29% 和 44.41%，均位于城镇化发展的中期加速阶段。苏州、无锡、铜陵、杭州、南京和上海 6 个城市的城镇化水平处于城镇化发展的后期阶段，分别为 70.6%、71%、72.69%、73.3%、78.5% 和 89.3%。其余 16 个城市的城镇化水平位于 50% ～ 70% 之间。

随着城镇化发展的进一步推进，2020 年 26 个城市中滁州、安庆、池州、宣城、台州、盐城、湖州、铜陵、泰州、金华 10 个城市的城镇化率处于 50% ～ 70% 之间，分别为 55.51%、55.52%、59.68%、60.82%、61.98%、64.11%、65.64%、66.17%、68.06% 和 68.19%。其余 16 个城市的城镇化率均在 70% 以上。其中，苏州、合肥、无锡、杭州、南京和上海 6 个城市的城镇化水平均大于 80%，分别为 81.72%、82.28%、82.79%、83.29%、86.8% 和 88.31%。由此可见，随着城镇化水平的不断提升，2000—2020 年长三角城市群获取结构型人口红利的可能性也在不断增加。

表 1-6 所示的是 2000—2020 年珠三角城市群的城镇化水平。除深圳和中山两个城市在 2010—2020 年期间城镇化率出现了负增长外，珠三角其他城市在这段时间内均实现了不同程度的增长。深圳的城镇化水平一直位居珠三角城市群的首位，而肇庆的城镇化水平则始终处于末位。从城镇化水平来看，深圳 2000—2020 年的数值均在 90% 以上，分别为 92.46%、100% 和 99.54%。极高的城镇化水平为深圳带来了较为丰厚的结构型人口红利。肇庆在 2000 年和 2010 年的城镇化水平分别为 32.52% 和 42.39%，均处于 30% ～ 50% 的中期加速发展阶段，直至 2020 年城镇化水平才超过 50%，达到 51.02%。

表 1-6　2000 年、2010 年、2020 年珠三角城市群城镇化水平

%

序号	珠三角	2000 年	2010 年	2020 年
1	广州	81.38	83.78	86.19
2	佛山	75.06	94.09	95.2
3	肇庆	32.52	42.39	51.02
4	深圳	92.46	100	99.54
5	东莞	60.04	88.46	92.15
6	惠州	51.68	61.84	72.8
7	珠海	85.49	87.65	90.47
8	中山	60.69	87.82	86.96
9	江门	47.16	62.3	67.63

资料来源：五普、六普、七普资料数据。

从不同时期来看，2000 年除了肇庆外，江门的城镇化水平也低于 50%，为 47.16%。惠州、东莞、中山 3 市的城镇化水平介于 50% ~ 70% 之间，分别为 51.68%、60.04% 和 60.69%。佛山、广州、珠海和深圳 4 个城市的城镇化水平则高于 70%。2010 年肇庆的城镇化水平低于 50%，惠州和江门的城镇化水平介于 50% ~ 70% 之间，分别为 61.84% 和 62.3%。其余 6 个城市的城镇化水平均高于 70%。随着城镇化建设的持续推进，2020 年肇庆和江门的城镇化水平介于 50% ~ 70% 之间，珠三角城市群其他城市的城镇化水平则均高于 70%，标志着这些城市已经进入城镇化发展的后期阶段，也因此收获了较为丰富的结构型人口红利。

表 1-7 所示的是 2000—2020 年京津冀城市群的城镇化水平。除北京和天津两个城市在 2000—2020 年期间城镇化率均出现了不同程度的负增长之外，京津冀城市群的其他城市在这段时间内均实现了不同水平的正增长。北京和天津这两个城市的城镇化水平均在 70% 以上。2000 年、2010 年和 2020 年北京的城镇化水平分别为 87.55%、85.96% 和 77.54%，天津的城镇化水平则分别为 84.7%、79.55% 和 71.99%，一直位居京津冀城市群的前两位。

表 1-7　2000 年、2010 年、2020 年京津冀城市群城镇化水平

%

序号	京津冀	2000 年	2010 年	2020 年
1	北京	87.55	85.96	77.54
2	天津	84.7	79.55	71.99
3	石家庄	35.05	50.62	70.18
4	张家口	29.07	45.16	66.1
5	秦皇岛	32.68	47.51	63.97
6	唐山	32.18	50.82	64.32
7	保定	23.11	38.77	57.14
8	廊坊	29.34	48.53	64.84
9	邢台	20.04	40.02	54.10
10	邯郸	23.42	43.44	58.27
11	衡水	19.91	38.19	54.74
12	沧州	21.62	40.83	51.14
13	承德	25.09	38.67	56.58

资料来源：五普、六普、七普资料数据。

从不同年份来看，2000 年京津冀城市群中城镇化水平低于 30% 的城市有衡水、邢台、沧州、保定、邯郸、承德、张家口和廊坊共 8 个城市，城镇化水平介于 30% ~ 50% 之间的城市有唐山、秦皇岛和石家庄 3 个。可见，2000 年京津冀城市群中大部分城市的城镇化水平较低，未来获取结构型人口红利均存在着较大的可能。同时，这些城市与 2000 年北京和天津的城镇化水平存在较大差距。类似地，2010 年京津冀城市群中有 9 个城市的城镇化水平介于 30% ~ 50% 之间，分别是衡水、承德、保定、邢台、沧州、邯郸、张家口、秦皇岛和廊坊，石家庄和唐山的城镇化水平略高于 50%，分别为 50.62% 和 50.82%。这 11 个城市的城镇化水平同样远低于同年份的北京和天津的城镇化水平。2020 年京津冀城市群各大城市的城镇化水平均有大幅提高，但不同城市之间仍存在较大差距。从数据上看，沧州、邢台、衡水、承德、保定、邯郸、秦皇岛、唐山、廊坊和张家口 10 个城市的城镇化水平均介于 50% ~ 70% 之间，而石家庄、天津和北京 3 个城市的城镇化水平则均在 70% 以上。

表 1-8 所示的是 2000—2020 年长江中游城市群的城镇化水平。武汉在这段时间内的城镇化水平分别为 81.65%、77.07% 和 84.31%。虽然 2010 年的城镇化水平比 2000 年要低，但武汉一直位居长江中游城市群的首位。2000 年长江中游城市群的城镇化水平普遍较低，31 个城市中有 11 个城市的城镇化水平在 30% 以下，18 个城市的城镇化水平处于 30% ~ 50% 的中期加速阶段。除了武汉外，只有鄂州的城镇化水平大于 50%，为 53.93%。2010 年长江中游城市群的城镇化水平整体上有所提升，城镇化水平低于 30% 的城市消失，但城镇化水平介于 30% ~ 50% 之间的城市增加至 20 个。除了武汉外，其他 10 个城市的城镇化水平位于 50% ~ 70% 之间。随着城镇化进程的进一步推进，2020 年长江中游城市群中只有娄底和黄冈两个城市的城镇化水平介于 30% ~ 50% 之间，分别为 46.95% 和 47.55%。城镇化水平处于 70% 以上后期阶段的城市增至株洲、新余、南昌、长沙和武汉，共计 5 个城市。

表 1-8　2000 年、2010 年、2020 年长江中游城市群城镇化水平

%

序号	长江中游城市群	2000 年	2010 年	2020 年
1	武汉	81.65	77.07	84.31
2	黄石	49.37	56.8	65.96
3	鄂州	53.93	57.95	66.27
4	黄冈	24.07	34.8	47.55
5	孝感	31.02	46	60.47
6	咸宁	37.38	42.7	56.74
7	仙桃	35.2	47.06	59.4
8	潜江	37.57	46.26	57.8
9	天门	26.34	43.17	54.7
10	襄阳	42.92	50.04	61.66
11	宜昌	38.4	49.86	63.77
12	荆州	33.1	42.46	55.52
13	荆门	42.33	45.5	58.73
14	长沙	44.7	67.69	82.6
15	株洲	38.18	56.48	71.26
16	湘潭	35.92	50.11	64.37
17	岳阳	31.11	46.01	60.66

续表

序号	长江中游城市群	2000 年	2010 年	2020 年
18	益阳	27.46	39.92	50.43
19	常德	26.59	38.87	56.22
20	衡阳	26.69	44.5	54.27
21	娄底	25.18	34.97	46.95
22	南昌	48.84	65.71	78.08
23	九江	28.37	42.53	61.18
24	景德镇	45.83	56.31	65.02
25	鹰潭	34.76	47.43	64.41
26	新余	42.66	61.57	73.59
27	宜春	24.81	35.59	56.35
28	萍乡	39.14	59.17	67.81
29	上饶	17.02	39.73	54.32
30	抚州	25.6	37.22	56.96
31	吉安	21.9	37.61	52.35

资料来源：五普、六普、七普资料数据。

表 1-9 所示的是 2000—2020 年成渝城市群的城镇化水平。可以发现，成渝城市群所有城市的城镇化水平在这段时间内均实现了不同程度的正增长。其中，成都和重庆两个城市在 2000—2020 年期间的城镇化水平均居于前两位。具体来说，成都的城镇化水平分别为 53.72%、65.75% 和 78.77%，重庆的城镇化水平分别为 33.09%、53.03% 和 69.46%。从年度数据来看，2000 年成渝城市群各大城市的城镇化水平普遍较低，12 个城市的城镇化水平处于低于 30% 的初期阶段，德阳、绵阳和重庆 3 个城市的城镇化水平略高于 30%，只有成都的城镇化水平在 50% 以上。2010 年成渝城市群的城镇化水平得到了一定的推进，城镇化水平低于 30% 的城市只有广安一个，占比为 29.07%。城镇化水平介于 30%～50% 之间的城市增至 13 个。重庆和成都的城镇化水平则处于 50% 以上。2020 年成渝城市群的城镇化水平进一步提升，只有资阳、广安和达州的城镇化水平介于 30% 和 50% 之间，除成都的城镇化水平高于 70% 之外，其他 12 个城市的城镇化水平则位于 50%～70% 之间。

表 1-9　2000 年、2010 年、2020 年成渝城市群城镇化水平

%

序号	成渝城市群	2000 年	2010 年	2020 年
1	成都	53.72	65.75	78.77
2	自贡	28.36	41.02	55.4
3	泸州	26.5	35.26	50.24
4	德阳	31.74	41.32	55.97
5	绵阳	32.59	39.85	51.66
6	遂宁	25.67	36.88	57.3
7	内江	28.58	37.84	50.07
8	乐山	26.04	39.47	53.11
9	南充	20.99	35.91	50.22
10	眉山	18.79	33.06	50.14
11	宜宾	24.6	33.55	51.39
12	广安	16.64	29.07	44.07
13	达州	15.45	32.71	49.80
14	雅安	23.32	34.62	52.78
15	资阳	16.61	30.72	41.29
16	重庆	33.09	53.03	69.46

资料来源：五普、六普、七普资料数据。

1.3　质量型人口红利的人口基础

质量型人口红利主要是指通过人力资本的提升来获取经济增长的红利。早期的文献主要关注教育人力资本，而当前关于人力资本的已有研究则主要包含了教育水平和健康状况两个维度。衡量健康人力资本的指标一般包括平均预期寿命、居民健康素养水平、相关卫生费用、城镇居民家庭人均医疗保健支出以及各类死亡率，如新生儿死亡率、婴儿死亡率、5 岁以下儿童死亡率和孕产妇死亡率等。衡量教育人力资本的指标则包括文盲人口、文盲率、不同年龄层次人口的平均受教育年限、各类教育的毛入学率、各个教育层次的人口比重、九年义务教育巩固率、出国留学人口数、学成归国人口数、研发经费投入、研发人员总量以及科研成果质量等。本部分

结合研究实际需求和数据可得性，基于 2000 年、2010 年和 2020 年三次人口普查的数据，选择了婴儿死亡率和孕产妇死亡率作为健康人力资本的衡量指标，选择了人均受教育年限作为衡量教育人力资本的指标。从全国范围内基于省级行政区层面以及不同年龄层面研究收获质量型人口红利的基础条件。

1.3.1　健康人力资本概况

表 1-10 和图 1-6 所示的是 2000 年、2010 年和 2020 年三次人口普查的全国及省级行政区层面婴儿死亡率情况。如表 1-10 和图 1-6 所示，除了辽宁省 2010 年的婴儿死亡率比 2000 年略有上升之外，总体上全国及省级行政区层面的婴儿死亡率随着时间的推移逐步在降低。从 2000 年的婴儿死亡率看，较低的三个省级行政区依次是上海、北京和天津，分别为 5.05‰、5.36‰和 9.40‰，均低于 10‰；较高的三个省级行政区是青海、甘肃和云南，分别为 50.55‰、52.98‰和 70.32‰。对于较高和较低省级行政区的婴儿死亡率，可以发现相互之间的差距比较悬殊。从 2010 年的婴儿死亡率看，较低的五个省级行政区依次是上海、北京、江苏、广东和天津，分别为 3.12‰、3.29‰、4.21‰、4.83‰和 5.60‰；较高的两个省级行政区是新疆和西藏，分别为 26.58‰和 38.50‰。对于较高和较低省级行政区的婴儿死亡率，可以发现相互之间的差距依旧比较悬殊，但相比 2000 年有所缩小。从 2020 年的婴儿死亡率看，较低的两个省级行政区是浙江和北京，分别为 1.97‰和 1.98‰，非常接近。较高的两个省级行政区是青海和西藏，分别为 7.01‰和 8.00‰。对于较高和较低省级行政区的婴儿死亡率，可以发现相互之间虽然存在差距，但差异范围进一步缩小。基于三次人口普查的数据可以发现，五普的数据显示全国省级行政区之间的婴儿死亡率存在较大差距。然而，随着时间推进，六普和七普的数据显示全国各省级行政区之间的婴儿死亡率差距在逐步缩小。这在一定程度上反映了

以婴儿死亡率为指标之一的健康人力资本水平在全国不同省级行政区之间的水平在动态变化，差距越来越小。

表 1-10　2000 年、2010 年、2020 年全国及省级行政区层面婴儿死亡率

‰

	2000 年	2010 年	2020 年
全国	28.38	13.10	5.40
北京	5.36	3.29	1.98
天津	9.40	5.60	2.40
河北	22.62	11.02	4.03
山西	19.37	10.20	5.40
内蒙古	32.06	12.31	3.56
辽宁	11.16	13.10	3.40
吉林	14.46	6.78	2.74
黑龙江	10.96	8.04	5.00
上海	5.05	3.12	2.66
江苏	11.20	4.21	2.44
浙江	11.93	6.06	1.97
安徽	29.00	10.70	3.47
福建	21.77	7.60	2.50
江西	34.80	11.76	4.23
山东	15.11	7.69	3.71
河南	23.18	7.12	3.21
湖北	19.58	9.99	2.87
湖南	28.48	7.40	2.59
广东	16.77	4.83	2.13
广西	31.10	7.65	2.51
海南	23.85	13.25	4.02
重庆	21.75	11.29	2.92
四川	21.57	12.20	5.22
贵州	49.10	18.21	5.01
云南	70.32	12.24	4.56
西藏	43.01	38.50	8.00
陕西	33.04	11.90	2.93
甘肃	52.98	10.00	3.37
青海	50.55	16.07	7.01
宁夏	27.33	14.30	3.64
新疆	49.40	26.58	6.75

资料来源：历次人口普查数据以及各地妇幼健康事业发展报告等。

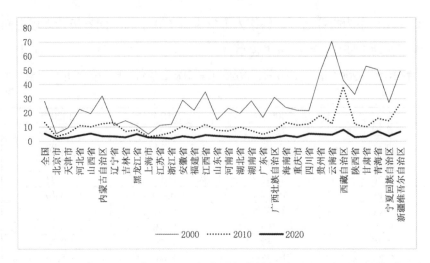

图 1-6 2000 年、2010 年、2020 年全国及省级行政区层面婴儿死亡率（‰）

资料来源：根据历次人口普查数据以及各地妇幼健康事业发展报告等数据资料绘制。

表 1-11 和图 1-7 所示的是 2000 年、2010 年和 2020 年三次人口普查的全国及省级行政区层面孕产妇死亡率情况。如表 1-11 和图 1-7 所示，北京市的孕产妇死亡率从 2000 年的 9.7/10 万上升到 2010 年的 13.1/10 万，上海市的孕产妇死亡率从 2010 年的 6.6/10 万上升到 2020 年的 7.4/10 万，江苏省的孕产妇死亡率从 2010 年的 3.6/10 万上升到 5.1/10 万。除此之外，总体上全国及省级行政区层面的孕产妇死亡率随着时间的推移逐步降低。从 2000 年的孕产妇死亡率看，上海和北京的值相对较低且较为接近，分别为 9.61/10 万和 9.7/10 万。而孕产妇死亡率在 100/10 万以上的省级行政区有甘肃、贵州、青海、新疆和西藏，分别为 108.8/10 万、137.87/10 万、142.18/10 万、175.7/10 万和 400/10 万。可见，2000 年全国各省级行政区的孕产妇死亡率存在很大差距，尤其是上海和西藏两省级行政区的差距更为明显。从 2010 年的孕产妇死亡率看，在 10/10 万以下的省级行政区有江苏省、上海市、浙江省和天津市，分别为 3.6/10 万、6.6/10 万、7.4/10 万和 9.6/10 万。这四个省级行政区的孕产妇死亡率相对于其他城市而言偏低。

西藏的孕产妇死亡率为 174.8/10 万,虽然比 2000 年的值有大幅下降,但仍为当年所有省级行政区中的最高值。2020 年大部分省级行政区的孕产妇死亡率均有不同程度的下降,且其值基本上控制在 20/10 万以下。青海和西藏的孕产妇死亡率相对较高,分别为 24.9/10 万和 47.9/10 万。

表 1-11　2000 年、2010 年、2020 年全国及省级行政区层面孕产妇死亡率

1/10 万

	2000 年	2010 年	2020 年
全国	53.00	30.00	16.90
北京	9.70	13.10	4.80
天津	18.25	9.60	7.50
河北	54.20	18.40	9.30
山西	53.04	14.60	11.00
内蒙古	62.58	35.20	14.90
辽宁	27.80	12.10	10.90
吉林	34.74	28.10	11.50
黑龙江	24.50	21.70	15.40
上海	9.61	6.60	7.40
江苏	28.51	3.60	5.10
浙江	19.59	7.40	3.90
安徽	48.40	21.90	7.10
福建	30.66	12.20	9.20
江西	50.01	11.20	5.90
山东	25.65	11.50	6.80
河南	54.20	15.20	9.50
湖北	47.50	15.40	10.00
湖南	54.81	26.70	9.30
广东	31.47	10.50	6.10
广西	60.33	20.70	8.40
海南	44.28	22.70	15.10
重庆	86.02	23.00	9.50
四川	66.52	22.80	9.40
贵州	137.87	35.40	15.90
云南	95.31	37.30	12.40
西藏	400.00	174.80	47.90
陕西	66.28	17.30	7.70
甘肃	108.80	33.20	15.10
青海	142.18	45.10	24.90
宁夏	85.79	29.70	11.20
新疆	175.70	43.20	17.00

资料来源:历次人口普查数据以及各地妇幼健康事业发展报告等。

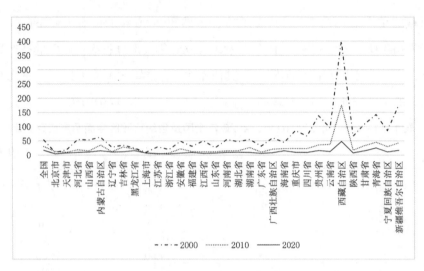

图1-7 2000年、2010年、2020年全国及省级行政区层面孕产妇死亡率（1/10万）

资料来源：根据历次人口普查数据以及各地妇幼健康事业发展报告等数据资料绘制。

综上所述，全国各省级行政区三次人口普查的婴儿死亡率和孕产妇死亡率存在着较大的差距，这意味着各省级行政区之间的健康人力资本差异显著，从而影响了质量型人口红利的水平。随着时间推移，医疗水平不断提升，大部分省级行政区的婴儿死亡率和孕产妇死亡率逐渐下降且差距持续缩小，各省级行政区之间的健康人力资本水平差距日益减小。因此，不同省级行政区收获的质量型人口红利水平可能存在一定程度的差异。

1.3.2　教育人力资本概况

表1-12和图1-8所示的是2000年、2010年和2020年三次人口普查中全国不同年龄段人口的人均受教育年限情况。如表1-12和图1-8所示，2000年的全国人均受教育年限为7.62年，2010年为8.76年，2020年为9.46年。随着人们对教育重要性认知的提高，全国整体的人均受教育年限呈逐步上升的趋势。分不同年龄组来看，总体呈现出两头低、中间高的态势。在较低年龄组中，6～9岁和10～14岁年龄组的人均受教育年限相对较

低。其中，6～9 岁年龄组的人均受教育年限在三次人口普查中的值相差并不大，分别为 5.64 年、5.80 年和 5.72 年。10～14 岁年龄组的人均受教育年限在二十年间稳中有升，但上升幅度并不大，分别为 6.99 年、7.37 年和 7.47 年。在较高年龄组中，50～54 岁、55～59 岁、60～64 岁和 65 岁及以上年龄组的人均受教育年限相对较低。其中，65 岁及以上年龄组的人均受教育年限在 2000 年、2010 年和 2020 年分别为 3.33 年、5.39 年和 6.64 年，与其他三个年龄组的人均受教育年限差距较大。50～54 岁、55～59 岁和 60～64 岁年龄组的人均受教育年限在 2000 年分别为 6.69 年、6.24 年和 5.25 年，三者之间存在着一定的差距。到了 2020 年，这三个年龄组的人均受教育年限分别提高至 8.89 年、8.82 年和 8.22 年。这显示出随着人们对教育的不断重视，这三个年龄组的人均受教育年限差距在不断缩小。15～19 岁、20～24 岁、25～29 岁、30～34 岁、35～39 岁、40～44 岁和 45～49 岁年龄组在 2000 年、2010 年和 2020 年的人均受教育年限在所有年龄组中相对要高一些。其中，20～24 岁年龄组的人均受教育年限较高，分别为 9.47 年、11.02 年和 12.94 年。45～49 岁年龄组的人均受教育年限相对较低，分别为 7.32 年、9.04 年和 9.55 年。由此看来，表征教育人力资本水平的人均受教育年限整体上随着人们对教育程度的重视逐步上升，但不同年龄组之间存在较大差异。总体上来说，年龄较低和年龄较高的人口人均受教育年限相对低一些，而中青年人口的人均受教育年限则相对高一些。

表 1-12　2000 年、2010 年、2020 年全国不同年龄段人口人均受教育年限

年

	2000 年	2010 年	2020 年
总计	7.615 9	8.759 8	9.457 6
6～9 岁	5.641 5	5.803 1	5.723 5
10～14 岁	6.993 4	7.369 3	7.473 8
15～19 岁	9.483 0	10.475 7	11.837 2

续表

	2000 年	2010 年	2020 年
20～24 岁	9.471 1	11.024 3	12.939 7
25～29 岁	8.942 0	10.578 8	12.210 1
30～34 岁	8.601 8	10.045 5	11.597 7
35～39 岁	8.870 1	9.466 8	11.113 8
40～44 岁	8.368 9	9.004 6	10.317 3
45～49 岁	7.319 5	9.039 3	9.545 8
50～54 岁	6.686 9	8.451 1	8.891 1
55～59 岁	6.235 6	7.481 8	8.820 2
60～64 岁	5.253 8	6.832 5	8.215 1
65 岁及以上	3.333 0	5.391 2	6.637 5

资料来源：根据五普、六普、七普资料数据计算所得。

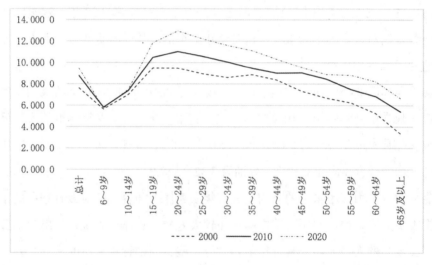

图1-8 2000年、2010年、2020年全国不同年龄段人口人均受教育年限（年）

资料来源：根据五普、六普、七普资料数据计算所得。

为了进一步深入了解教育人力资本的区域分布状况，并考虑数据的可得性，本部分基于2010年和2020年两个年份选择了长三角城市群、珠三角城市群、京津冀城市群、长江中游城市群和成渝城市群这五大城市群分别研究五大城市群内部不同城市的人均受教育年限状况和五大城市群整体的人均受教育程度均值并进行相互之间的比较分析。

表 1-13 和图 1-9 所示的是 2010 年和 2020 年五大城市群的人均受教育程度均值的情况。如表 1-13 和图 1-9 所示，五大城市群在 2020 年的人均受教育程度均值都高于 2010 年。其中，珠三角城市群的人均受教育程度均值最高，分别为 9.93 年和 10.63 年。其次是京津冀城市群，分别为 9.41 年和 10.14 年。成渝城市群的人均受教育程度均值最低，分别为 8.31 年和 9.02 年。总体而言，2010 年五大城市群的人均受教育程度均值都在 8 年以上，而 2020 年五大城市群的人均受教育程度均值则都在 9 年以上。

表 1-13 2010 年和 2020 年五大城市群人均受教育程度均值

年

	2010 年人均受教育程度均值	2020 年人均受教育程度均值
长三角城市群	8.92	9.87
珠三角城市群	9.93	10.63
京津冀城市群	9.41	10.14
长江中游城市群	9.12	9.77
成渝城市群	8.31	9.02

资料来源：根据六普和七普资料数据计算所得。

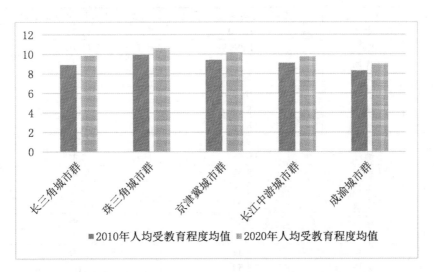

图 1-9 2010 年和 2020 年五大城市群人均受教育程度均值（年）

资料来源：根据六普和七普资料数据计算所得。

　　表 1-14 至表 1-18、图 1-10 至图 1-14 分别所示的是 2010 年和 2020 年五大城市群内部各个城市的人均受教育年限均值的情况。如表 1-14 和图 1-10 所示，长三角城市群包含 26 个城市，其中 2010 年和 2020 年的人均受教育年限呈现出不同的特点。在 2010 年，宣城、滁州和台州的人均受教育年限相对较低，分别为 7.86 年、7.9 年和 7.99 年。而上海和南京的人均受教育年限仍相对较高，分别为 10.7 年和 10.99 年。2020 年的人均受教育年限较 2010 年均有不同程度的提升。在 26 个城市中，池州、宣城和台州的人均受教育年限仍相对较低，分别为 8.74 年、8.79 年和 8.91 年。南京和上海的人均受教育年限相对较高，分别为 11.76 年和 11.81 年。对比 2010 年和 2020 年各城市的人均受教育年限水平可发现，盐城市的上升幅度最小，2020 年的值仅比 2010 年高出 0.49 年。滁州市的人均受教育年限上升幅度最大，2020 年的值比 2010 年高出 1.87 年。

表 1-14　2010 年和 2020 年长三角城市群人均受教育年限

年

序号	长三角	2010 年人均受教育年限	2020 年人均受教育年限
1	上海	10.70	11.81
2	南京	10.99	11.76
3	无锡	9.81	10.74
4	常州	9.57	10.57
5	苏州	9.85	10.67
6	南通	8.83	9.66
7	盐城	8.72	9.21
8	扬州	9.03	9.73
9	镇江	9.58	10.31
10	泰州	8.59	9.56
11	杭州	9.88	10.85
12	宁波	9.04	9.97
13	嘉兴	8.44	9.56
14	湖州	8.30	9.17
15	绍兴	8.81	9.80
16	金华	8.54	9.67
17	舟山	8.53	9.64
18	台州	7.99	8.91
19	合肥	9.58	10.80

续表

序号	长三角	2010年人均受教育年限	2020年人均受教育年限
20	芜湖	8.63	9.50
21	马鞍山	8.35	9.27
22	铜陵	8.11	9.01
23	安庆	8.18	9.18
24	滁州	7.90	9.77
25	池州	8.02	8.74
26	宣城	7.86	8.79

资料来源：根据六普和七普资料数据计算所得。

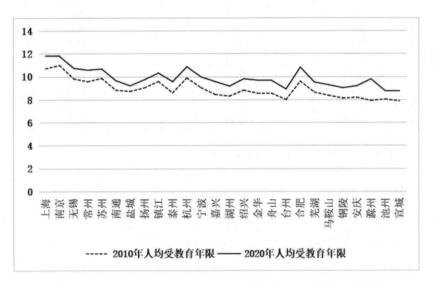

----- 2010年人均受教育年限 ——— 2020年人均受教育年限

图1-10 2010年和2020年长三角城市群人均受教育年限（年）

资料来源：根据六普和七普资料数据计算所得。

如表1-15和图1-11所示，珠三角城市群包含9个城市，其中2010年人均受教育年限的排序与2020年的顺序较为一致。除佛山和东莞两个城市以外，两个年份中人均受教育年限较低的四个城市依次为肇庆、江门、惠州和中山，2010年的值分别为8.82年、9.33年、9.37年和9.73年，2020年的值分别为9.53年、10.02年、10.09年和10.2年。人均受教育年限较高的三个城市依次为珠海、广州和深圳，2010年的值分别为10.82年、

10.84 年和 10.91 年，2020 年的值分别为 11.46 年、11.61 年和 11.86 年。在这九个城市中，中山市 2020 年人均受教育年限比 2010 年增加了 0.47 年，增加的绝对值最小。深圳市 2020 年人均受教育年限比 2010 年增加了 0.95 年，增加的绝对值最大。

表 1-15　2010 年和 2020 年珠三角城市群人均受教育年限

年

序号	珠三角	2010 年人均受教育年限	2020 年人均受教育年限
1	广州	10.84	11.61
2	佛山	9.75	10.49
3	肇庆	8.82	9.53
4	深圳	10.91	11.86
5	东莞	9.82	10.41
6	惠州	9.37	10.09
7	珠海	10.82	11.46
8	中山	9.73	10.20
9	江门	9.33	10.02

资料来源：根据六普和七普资料数据计算所得。

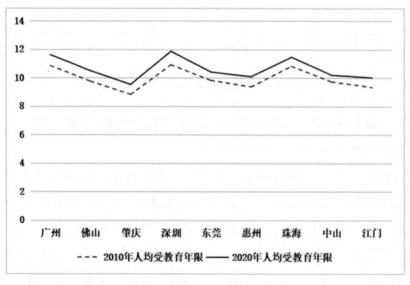

图 1-11　2010 年和 2020 年珠三角城市群人均受教育年限（年）

资料来源：根据六普和七普资料数据计算所得。

如表 1–16 和图 1–12 所示，在构成京津冀城市群的 13 个城市中，2010 年的人均受教育年限主要分为三个范围，即 8 ～ 9 年之间、9 ～ 10 年之间及 10 ～ 12 年之间，而 2020 年的人均受教育年限也可以分为三个范围，即 9 ～ 10 年之间、10 ～ 11 年之间及 11 ～ 13 年之间。在两个年份中，人均受教育年限较高的前几个城市依次为北京、天津、石家庄和秦皇岛，2010 年的值分别为 11.71 年、10.38 年、9.95 年和 9.63 年，而 2020 年的值分别增长至 12.64 年、11.29 年、10.82 年和 10.37 年。在京津冀城市群的城市中，邢台市 2020 年人均受教育年限比 2010 年增加了 0.49 年，增加的绝对值最小。增加绝对值最大的三个城市则依次为北京、天津和石家庄，分别为 0.93 年、0.91 年和 0.87 年。

表 1–16　2010 年和 2020 年京津冀城市群人均受教育年限

年

序号	京津冀	2010 年人均受教育年限	2020 年人均受教育年限
1	北京	11.71	12.64
2	天津	10.38	11.29
3	石家庄	9.95	10.82
4	张家口	8.79	9.52
5	秦皇岛	9.63	10.37
6	唐山	9.34	10.07
7	保定	9.11	9.74
8	廊坊	9.31	10.14
9	邢台	8.87	9.36
10	邯郸	8.81	9.45
11	衡水	8.87	9.58
12	沧州	8.73	9.39
13	承德	8.80	9.49

资料来源：根据六普和七普资料数据计算所得。

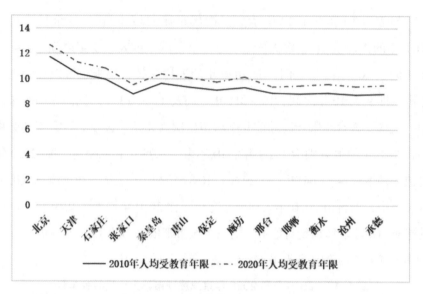

图 1-12　2010 年和 2020 年京津冀城市群人均受教育年限（年）

资料来源：根据六普和七普资料数据计算所得。

如表 1-17 和图 1-13 所示，在构成长江中游城市群的 31 个城市中，2010 年和 2020 年人均受教育年限较高的前几个城市依次为武汉、长沙、南昌和湘潭，2010 年的值分别为 11.12 年、10.48 年、10.32 年和 9.79 年，而 2020 年的值分别增长至 11.96 年、11.52 年、11.01 年和 10.48 年。综合来看，2010 年有 16 个城市的人均受教育年限在 8 ～ 9 年之间，占比在 51.61% 以上。而 2020 年有 20 个城市的人均受教育年限在 9 ～ 10 年之间，占比为 64.52%。从不同城市人均受教育年限的增长情况来看，除吉安市在 2020 年的值要比 2010 年略有下降之外，长江中游城市群的其他城市在 2020 年的人均受教育程度均在 2010 年的基础上实现了不同程度的增长。其中，益阳、天门、孝感、新余、荆州和岳阳这几个城市的增长幅度相对较小，均在 0.5 年以下，即人均受教育年限的增长绝对值分别为 0.34 年、0.35 年、0.4 年、0.47 年、0.48 年和 0.48 年。而长沙、潜江、上饶、鄂州和鹰潭这五个城市的增长幅度相对较大，均在 1 年以上，即人均受教育年限的增长绝对值分别为 1.04 年、1.05 年、1.06 年、1.15 年和 1.24 年。

表 1-17　2010 年和 2020 年长江中游城市群人均受教育年限

年

序号	长江中游城市群	2010 年人均受教育年限	2020 年人均受教育年限
1	武汉	11.12	11.96
2	黄石	9.13	9.64
3	鄂州	8.81	9.96
4	黄冈	8.24	8.91
5	孝感	8.67	9.07
6	咸宁	8.80	9.50
7	仙桃	8.62	9.17
8	潜江	8.73	9.78
9	天门	8.46	8.81
10	襄阳	9.07	9.62
11	宜昌	9.40	10.23
12	荆州	8.81	9.29
13	荆门	9.36	10.29
14	长沙	10.48	11.52
15	株洲	9.35	10.21
16	湘潭	9.79	10.48
17	岳阳	9.58	10.06
18	益阳	8.97	9.31
19	常德	8.94	9.50
20	衡阳	8.94	9.46
21	娄底	9.16	9.70
22	南昌	10.32	11.01
23	九江	9.07	9.74
24	景德镇	8.88	9.48
25	鹰潭	8.60	9.84
26	新余	9.38	9.85
27	宜春	8.82	9.51
28	萍乡	9.26	9.95
29	上饶	8.21	9.27
30	抚州	8.52	9.08
31	吉安	9.16	8.64

资料来源：根据六普和七普资料数据计算所得。

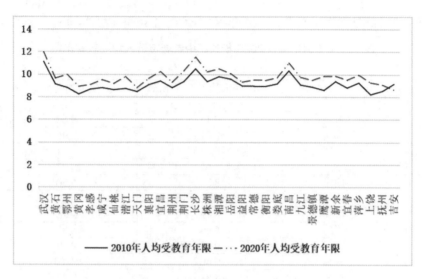

图1-13　2010年和2020年长江中游城市群人均受教育年限（年）

资料来源：根据六普和七普资料数据计算所得。

如表1-18和图1-14所示，在构成成渝城市群的16个城市中，2010年和2020年的人均受教育年限的数值以在8～9年之间为主。其中，2010年有12个城市的人均受教育年限介于8～9年之间，占比为75%；2020年有11个城市的人均受教育年限介于8～9年之间，占比为68.75%。2010年成渝城市群中人均受教育年限较低的是广安、资阳和泸州，其值分别为7.76年、7.83年和7.89年，而人均受教育年限较高的是重庆和成都，其值分别为8.75年和9.79年。2020年人均受教育年限较低的则是资阳和广安，其值分别为8.27年和8.48年，而人均受教育年限较高的依旧是重庆和成都，其值分别为9.8年和10.85年。比较2010年和2020年的人均受教育年限可以发现，增长幅度较低的三个城市是遂宁、资阳和内江，增长年限分别为0.44年、0.44年和0.49年，均在0.5年以下。增长幅度较高的两个城市仍然是重庆和成都，增长年限分别为1.05年和1.06年，均在1年以上。

表 1-18　2010 年和 2020 年成渝城市群人均受教育年限

年

序号	成渝城市群	2010 年人均受教育年限	2020 年人均受教育年限
1	成都	9.79	10.85
2	自贡	8.18	8.87
3	泸州	7.89	8.65
4	德阳	8.44	8.98
5	绵阳	8.37	9.17
6	遂宁	8.17	8.61
7	内江	8.23	8.72
8	乐山	8.42	8.93
9	南充	8.08	8.62
10	眉山	8.15	8.77
11	宜宾	8.35	9.24
12	广安	7.76	8.48
13	达州	8.11	8.83
14	雅安	8.46	9.04
15	资阳	7.83	8.27
16	重庆	8.75	9.80

资料来源：根据六普和七普资料数据计算所得。

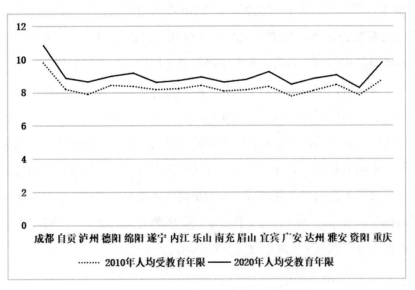

图 1-14　2010 年和 2020 年成渝城市群人均受教育年限（年）

资料来源：根据六普和七普资料数据计算所得。

综合来看，整体上 2010 年和 2020 年五大城市群的人均受教育程度均值最高值均属于珠三角城市群，其值分别为 9.93 年和 10.63 年，最低值均属于成渝城市群，其值分别为 8.31 年和 9.02 年。2010 年人均受教育程度均值最高值与最低值之间相差 1.62 年，2020 年则相差 1.61 年，均小于 2 年。由此可见，从人均受教育程度均值来看，五大城市群之间的差异并不大，意味着五大城市群之间的教育人力资本水平虽然各有不同，但这种差异并不大。

如表 1-19 所示，从五大城市群内部不同城市的人均受教育年限状况来看，长三角城市群 2010 年人均受教育年限最高值与最低值之间相差 3.13 年，2020 年则相差 3.07 年；珠三角城市群 2010 年人均受教育年限最高值与最低值之间相差 2.09 年，2020 年则相差 2.33 年；京津冀城市群 2010 年人均受教育年限最高值与最低值之间相差 2.98 年，2020 年则相差 3.28 年；长江中游城市群 2010 年人均受教育年限最高值与最低值之间相差 2.91 年，2020 年则相差 3.32 年；成渝城市群 2010 年人均受教育年限最高值与最低值之间相差 2.03 年，2020 年则相差 2.58 年。可以发现，珠三角城市群和成渝城市群内部城市人均受教育年限的差异在五大城市群中相对较小，其余三个城市群内部城市人均受教育年限的差异相对较大。这体现出珠三角城市群和成渝城市群内部城市之间的教育人力资本水平差距较小，而长三角城市群、京津冀城市群和长江中游城市群内部城市之间的教育人力资本水平差距相对较大。此外，对比五大城市群之间人均受教育程度均值的差异与五大城市群内部不同城市的人均受教育年限差异状况，可以发现城市群内部不同城市之间的人均受教育年限差别更大，由此在一定程度上呈现出教育人力资本水平在城市之间分布不均衡的状态。

表 1-19　2010 年和 2020 年五大城市群之间及内部人均受教育年限差异

年

年份	城市群之间	长三角城市群	珠三角城市群	京津冀城市群	长江中游城市群	成渝城市群
2010 年	1.62	3.13	2.09	2.98	2.91	2.03
2020 年	1.61	3.07	2.33	3.28	3.32	2.58

资料来源：根据六普和七普资料数据计算所得。

第2章　数量型人口红利空间水平测度

2.1　数量型人口红利测算模型

2.1.1　模型构建依据

传统人口红利的概念指的是由于人口出生率和死亡率变化的时间差形成的劳动力资源相对丰富的一个阶段。这一阶段给经济发展创造了有利的条件，对于这一人口机会窗口的有效利用可以促进经济增长，也即本研究中所指的数量型人口红利。已有文献中对数量型人口红利的研究并不少见，主要分为以下两类：一是采用包含少儿抚养比、老年抚养比、总抚养比在内的各类抚养比指标对数量型人口红利进行衡量和测算，这是当前研究中最为常见的度量数量型人口红利水平的方法。陈友华（2005）以抚养比为依据确立了人口红利与人口负债的区分原则。赵春燕（2018）用抚养比作为数量型人口红利的衡量指标，以此构建模型测算其对区域经济增长的影响。原新和金牛（2021）利用已有数据测算并预测了1978—2048年之间三类抚养比与储蓄率之间的关系。原新、金牛和刘旭阳（2021）基于人口普查数据，分析少儿人口、劳动年龄人口和老年人口数量与比重的变化以及由此带来的抚养比的改变，并进一步探讨这些变化对数量型人口红利的影响。黄乾（2021）基于七普数据测算总抚养比，并得出 2032 年之前均可以收获数量型人口红利的结论。另一类是采用与抚养比相关的多个指标综合测算数量型人口红利所产生的影响。张俊良和张兴月（2018）构建劳动年龄人口数量与比重、抚养比、适龄劳动力的内部年龄结构、年龄别劳动参与率等多个视角考察数量型人口红利。王连、周之浩和张维星（2022）认为可以用劳动年龄人口比重和总抚养比这两个指标从不同角度来估算数量型人口红利。黄凡和段成荣（2022）的研究认为数量型人口红利主要来源于劳动年龄人口比重的提升，由此促进了地区经济增长。因此，可以采用抚养比、地区老龄化水平、劳动年龄人口数量及占比等指标测算数量型人口红利水平。

2.1.2　测算模型构建

陈友华（2008）以 15 ~ 59 岁人口作为劳动力人口，标准人口以 1957 年的瑞典人口生命表为依据，通过构建模型测算了 1978—2006 年期间几个典型年份经济增长中人口红利所起到的作用。本研究借鉴陈友华（2008）的模型，结合本次研究的需要，选取 15 ~ 64 岁劳动年龄人口作为劳动力人口进行数量型人口红利经济增长贡献的测算。具体模型如公式（2-1）和（2-2）所示。

$$\text{GDP}_t^b = \frac{\text{GDP}_t}{L_t} \cdot \frac{L_b}{G_b} \cdot G_t \tag{2-1}$$

$$C_t = \frac{\text{GDP}_t - \text{GDP}_t^b}{\text{GDP}_t} \times 100\% \tag{2-2}$$

公式（2-1）和（2-2）中，GDP_t^b 代表标准人口 t 年的 GDP，GDP_t 代表 t 年实际的 GDP。L_b 代表标准人口中 15 ~ 64 岁劳动年龄人口数。L_t 代表 t 年 15 ~ 64 岁实际劳动年龄人口数。G_t 代表 t 年的总人口数。G_b 代表标准

人口中的总人口数。$\dfrac{L_b}{G_b}$ 代表标准人口生命表中 15 ~ 64 岁劳动年龄人口

占比。$\dfrac{L_t}{G_t}$ 代表 t 年实际人口中 15 ~ 64 岁劳动年龄人口占比。C_t 代表 t 年

经济增长中人口红利所起的作用。

对公式（2-1）和（2-2）进行合并处理，可以得到简化公式（2-3）
如下所示：

$$C_t = \left(1 - \frac{L_b}{G_b} \bigg/ \frac{L_t}{G_t}\right) \times 100\% \qquad （2-3）$$

陈友华（2008）以 1957 年的瑞典人口生命表为依据，获得标准人口
生命表中 15 ~ 59 岁劳动力人口占比的相应数值。相应地，本研究通过查
找世界银行的世界发展指标，获取到瑞典 1994 年的人均预期寿命是 78.7
岁，这与中国 2021 年的人均预期寿命 78.2 岁只差 0.5 岁，差异很小。因此，
以 1994 年的瑞典人口生命表为参照，可以查找到 1994 年的瑞典 15 ~ 64
岁劳动年龄人口占比为 63.68%。公式（2-3）进一步调整为公式（2-4）如
下所示：

$$C_t = \left(1 - 63.68 \bigg/ \frac{L_t}{G_t}\right) \times 100\% \qquad （2-4）$$

2.2 省级行政区层面数量型人口红利分析

基于公式（2-4），省级行政区层面数量型人口红利的测算需要获取
历年 15 ~ 64 岁劳动年龄人口占比。省级行政区层面选取 2000—2020 年
期间全国及 31 个省、自治区、直辖市 15 ~ 64 岁劳动年龄人口占比，数
据主要来源于历年的《中国人口和就业统计年鉴》。本部分首先基于省级
行政区层面数据分析历年全国整体数量型人口红利的水平，其次再按照中
国区域的划分，从华东、华南、华中、华北、西北、西南和东北七个区

域探究各省级行政区的数量型人口红利水平。

2.2.1　数量型人口红利总体概况

图 2-1 描绘了 2000—2020 年期间测算所得的全国数量型人口红利整体水平。如图 2-1 所示，2000—2020 年期间全国数量型人口红利在 7.04 ～ 14.49% 的范围之间波动。2010 年全国数量型人口红利水平最高，而 2020 年则降至最低。由历年数量型人口红利水平绘制的曲线呈现出倒 U 形，以 2010 年为界线，前十年是一个波动式增长的过程，而后十年则是一个逐步下降的过程。数量型人口红利的历年波动与研究期间内劳动年龄人口比重的变化直接相关。2001 年的数量型人口红利为 8.57%，比 2000 年下降了 0.65%，这是因为劳动年龄人口占比由 2000 年的 70.15% 下降到了 2001 年的 69.65%。同样地，2005 年的数量型人口红利为 10.78%，比 2004 年下降了 0.94%，这是因为劳动年龄人口占比由 2004 年的 72.13% 下降到了 2005 年的 71.38%。伴随着劳动年龄人口占比由 2019 年的 70.64% 下降到了 2020 年的 68.50%，数量型人口红利由 2019 年的 9.86% 下降到了 2020 年的 7.04%。2000—2020 年期间全国数量型人口红利整体上呈现出先上升后下降的趋势，究其根本，是受到了人口出生率、死亡率以及自然增长率变化的影响。从 1988—2010 年，全国人口出生率一直是逐年下降的态势。由于人口死亡率变化相对较小，相应地，除 2005 年之外，这一期间全国人口自然增长率也呈现出逐年下降的趋势。出生率、人口自然增长率的持续下降和早期高出生率累积的人口基数随着时间的推移表现出劳动年龄人口比重的增加，由此在一定程度上降低了人口抚养比，为收获数量型人口红利创造了较好的条件。

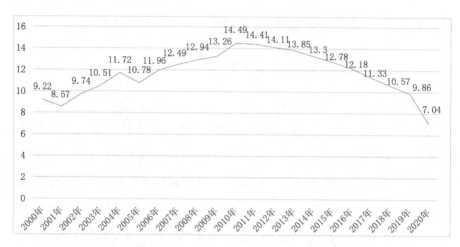

图 2-1　2000—2020 年期间全国数量型人口红利整体水平（%）

资料来源：根据历年《中国人口和就业统计年鉴》相关数据计算所得。

2.2.2　分地区数量型人口红利水平

（1）华东地区各省级行政区数量型人口红利水平

表 2-1 和图 2-2 描绘的是 2000—2020 年期间测算所得的华东地区各省级行政区数量型人口红利的水平。如表 2-1 和图 2-2 所示，华东地区的七个省级行政区中，研究期间内上海市历年数量型人口红利水平均要高于其他几个省级行政区，位居各省级行政区之首。浙江省在 2000—2020 年期间的数量型人口红利水平位列华东地区的第二位。除了 2018 年和 2019 年略高于山东省之外，安徽和江西两省的数量型人口红利水平相对较低。江苏、福建和山东三省的数量型人口红利水平则位于中间。华东地区各省级行政区的数量型人口红利之所以呈现出这种现象，除了与本省级行政区的人口基础有关之外，还与流动人口的流入流出存在着密切关系。根据第七次人口普查及相关统计公报的数据显示，2020 年上海常住人口为 2 487.09万人，户籍人口为 1 478.09 万人，人口净流入为 1 009 万人。2020 年浙江省的省外流入人口高达 1 618.6 万人，占常住人口的四分之一。安徽省

2020 年跨省流出人口为 1 152.05 万人，仅次于河南省。江西省 2020 年跨省流出人口为 633.97 万人，在 31 个省、自治区、直辖市中位于第 7 位。

表 2-1　2000—2020 年期间华东地区各省级行政区数量型人口红利水平

%

	上海	江苏	浙江	安徽	福建	江西	山东
2000 年	16.518 1	11.049 0	12.874 5	4.997 8	9.596 8	6.215 0	10.461 2
2001 年	13.784 8	9.976 5	12.104 4	5.816 8	8.601 3	5.565 0	10.778 3
2002 年	16.037 2	10.708 2	12.063 4	5.753 7	10.699 9	6.484 5	12.359 9
2003 年	14.890 2	11.106 8	12.038 3	9.021 5	9.886 4	8.782 9	12.269 5
2004 年	15.995 3	12.707 0	14.646 2	8.752 6	11.830 5	9.533 4	13.545 5
2005 年	19.428 2	13.474 6	13.386 6	4.693 6	12.484 8	4.191 7	14.094 1
2006 年	17.820 2	13.914 5	15.057 9	6.977 3	12.408 7	4.936 7	15.285 5
2007 年	18.137 6	14.624 5	14.761 1	7.207 0	11.940 6	6.902 7	14.918 6
2008 年	19.448 9	14.531 5	15.464 1	7.898 7	11.874 0	7.595 7	14.708 5
2009 年	18.737 4	14.273 7	15.180 4	9.793 7	12.637 3	8.925 0	14.635 6
2010 年	21.632 7	16.331 6	17.784 1	11.554 0	16.912 2	9.665 0	14.431 5
2011 年	24.050 5	16.426 3	19.211 7	10.941 6	16.830 0	10.190 8	13.616 1
2012 年	22.835 0	15.474 9	19.303 0	11.027 9	14.738 0	9.540 9	13.181 7
2013 年	20.397 0	14.427 3	19.252 7	10.319 6	15.071 5	10.681 0	13.410 0
2014 年	20.607 2	14.147 1	18.724 2	11.185 2	14.886 5	9.047 6	12.461 0
2015 年	18.190 8	13.653 5	16.012 4	10.366 8	13.269 2	8.335 0	11.539 9
2016 年	17.686 5	12.483 4	15.563 9	10.305 6	11.258 5	7.950 7	10.820 9
2017 年	15.977 7	12.311 0	15.485 9	6.223 6	11.543 7	7.229 4	8.219 0
2018 年	15.333 3	11.521 8	13.147 0	6.641 3	13.705 3	9.001 3	4.709 5
2019 年	13.598 5	10.479 1	12.660 2	5.497 3	12.924 1	8.562 4	4.228 7
2020 年	13.857 6	7.159 9	13.108 4	3.147 6	8.483 5	3.743 5	3.648 3

资料来源：根据历年《中国人口和就业统计年鉴》相关数据计算所得。

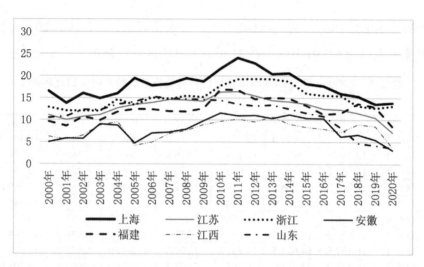

图 2-2　2000—2020 年期间华东地区各省级行政区数量型人口红利水平（%）

资料来源：根据历年《中国人口和就业统计年鉴》相关数据计算所得。

从时间轴上来看，2000—2020 年期间华东地区各省级行政区的数量型人口红利呈现出波动中上升和波动中下降的趋势。研究期间内，华东地区各省级行政区的数量型人口红利水平最高值主要出现在 2010—2012 年之间，这主要是因为早期高出生率下出生的少儿人口逐步进入劳动年龄阶段，而计划生育政策的实施使得出生率逐步下降。这两个因素共同作用，促使我国各省级行政区的数量型人口红利水平从 2000 年开始逐步上升。华东地区各省级行政区数量型人口红利的最高值从高到低依次是上海市 24.05%、浙江省 19.30%、福建省 16.91%、江苏省 16.42%、山东省 15.29%、安徽省 11.55%、江西省 10.68%。各省级行政区数量型人口红利的最低值主要出现在图中的两端，从高到低依次是上海市 13.60%、浙江省 12.06%、福建省 8.48%、江苏省 7.16%、江西省 3.74%、山东省 3.65%、安徽省 3.15%。

（2）华南地区各省级行政区数量型人口红利水平

表 2-2 和图 2-3 描绘的是 2000—2020 年期间测算所得的华南地区各省级行政区数量型人口红利的水平。如表 2-2 和图 2-3 所示，三个省级行

政区在研究期间内均有较大幅度的变动。在 2005 年之前，广东省的数量型人口红利曲线呈现出 W 形的变动趋势，变动幅度相对较大。而广西和海南两个省（自治区）则在波动中上升。自 2005 年开始，华南地区三个省级行政区数量型人口红利从高到低的顺序是广东、海南、广西。总体来看，研究期间内这三个省级行政区的数量型人口红利经过一定程度的上升之后最终趋于下降。从变动范围来看，广东省数量型人口红利的最高值出现在 2012 年，为 16.92%，最低值出现在 2001 年，为 1.52%。海南省数量型人口红利的最高值也出现在 2012 年，为 13.51%，最低值出现也在 2001 年，为 2.78%。与前面两个省（自治区）不同的是，广西数量型人口红利的最高值出现在 2004 年，为 9.82%，最低值则出现在 2020 年，为 0.78%。

表 2-2　2000—2020 年期间华南地区各省级行政区数量型人口红利水平

%

	广东	广西	海南
2000 年	8.741 8	4.441 8	3.442 0
2001 年	1.524 2	5.140 6	2.782 0
2002 年	5.021 8	8.092 2	4.492 1
2003 年	2.627 9	8.134 5	6.465 2
2004 年	4.865 3	9.815 0	7.148 5
2005 年	10.564 4	4.530 0	6.035 6
2006 年	12.365 0	7.414 0	7.896 8
2007 年	13.370 2	7.583 8	8.754 2
2008 年	13.910 2	7.428 2	8.405 5
2009 年	15.299 6	8.271 8	10.055 7
2010 年	16.575 4	7.778 7	11.739 2
2011 年	16.444 5	7.030 0	13.004 3
2012 年	16.918 9	6.469 6	13.507 0
2013 年	16.293 6	8.027 0	12.896 8
2014 年	15.383 3	7.128 8	13.120 2
2015 年	16.879 6	5.816 0	11.238 5
2016 年	15.731 0	7.647 2	11.562 6
2017 年	15.567 9	6.350 2	11.542 7
2018 年	14.898 2	6.509 5	12.306 9
2019 年	15.605 8	6.356 4	10.541 3
2020 年	12.252 5	0.775 4	8.498 8

资料来源：根据历年《中国人口和就业统计年鉴》相关数据计算所得。

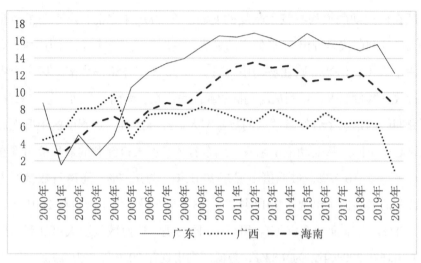

图 2-3　2000—2020 年期间华南地区各省级行政区数量型人口红利水平（%）

资料来源：根据历年《中国人口和就业统计年鉴》相关数据计算所得。

（3）华中地区各省级行政区数量型人口红利水平

表 2-3 和图 2-4 描绘的是 2000—2020 年期间测算所得的华中地区各省级行政区数量型人口红利的水平。如表 2-3 和图 2-4 所示，研究期间内湖北、湖南和河南三个省级行政区的数量型人口红利水平的变化呈现出倒 U 形的趋势，各省级行政区数量型人口红利的最高值与最低值之间的差异较大。对于湖北省来说，数量型人口红利的最高值出现在 2010 年，为 17.30%，最低值出现在 2002 年，为 6.50%。最高值与最低值之间的差值为 10.8%。相对而言，湖南省数量型人口红利水平变化较为缓和，其最高值为 12.64%，出现在 2007 年，最低值为 3.03%，出现在 2020 年。最高值与最低值之间的差值为 9.61%。河南省在 2000—2020 年期间的数量型人口红利水平的变化更加特殊，其最高值出现在 2008 年，为 11.96%，而最低值则出现了负值，为 −0.48%，出现在 2020 年，也是研究期间内唯一一个出现负值的年份。究其原因，可能是由青壮年劳动力大量流出本省而导致 15 ~ 64 岁劳动年龄人口占比大量减少所引起。根据《中国人口普查年鉴

2020》公布的数据显示，河南省 2020 年流出人口达到 1610.09 万人，位居全国 31 个省、市、自治区流出人口数量之首。

表 2-3　2000—2020 年期间华中地区各省级行政区数量型人口红利水平

%

	河南	湖北	湖南
2000 年	5.096 9	10.081 9	9.725 0
2001 年	5.515 0	10.096 2	9.024 5
2002 年	7.324 5	6.504 7	10.388 7
2003 年	8.200 1	10.270 1	11.131 5
2004 年	9.852 3	12.211 6	12.387 1
2005 年	9.838 9	11.487 2	10.512 3
2006 年	10.355 0	13.038 5	10.857 7
2007 年	11.624 8	14.422 8	12.638 3
2008 年	11.962 6	15.303 6	12.548 8
2009 年	11.502 5	15.499 8	11.065 6
2010 年	9.853 5	17.296 8	12.297 8
2011 年	9.629 6	15.749 9	11.085 0
2012 年	9.837 5	15.268 5	9.349 3
2013 年	9.425 6	15.260 9	10.511 9
2014 年	9.433 8	13.674 9	10.088 9
2015 年	7.927 3	13.462 6	9.501 9
2016 年	7.890 7	12.701 0	8.910 5
2017 年	6.767 0	11.493 7	8.270 0
2018 年	5.857 2	11.748 7	6.389 8
2019 年	5.432 1	10.755 1	4.767 4
2020 年	−0.478 4	7.845 4	3.027 9

资料来源：根据历年《中国人口和就业统计年鉴》相关数据计算所得。

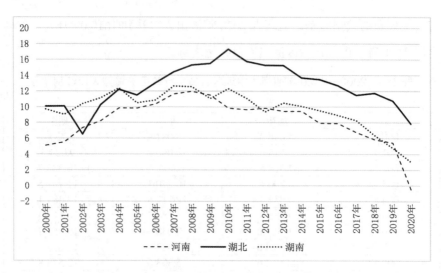

图 2-4 2000—2020 年期间华中地区各省级行政区数量型人口红利水平（%）

资料来源：根据历年《中国人口和就业统计年鉴》相关数据计算所得。

（4）华北地区各省级行政区数量型人口红利水平

表 2-4 和图 2-5 描绘的是 2000—2020 年期间测算所得的华北地区各省级行政区数量型人口红利的水平。如表 2-4 和图 2-5 所示，研究期间内五个省级行政区数量型人口红利的变化趋势存在着一定的差异。总体来看，从高到低排名的前三位分别是北京市、天津市和内蒙古自治区。河北省和山西省的数量型人口红利水平相对较低，在研究期间内其值均呈现出先波动上升后缓慢下降的趋势。在研究期间内，北京的数量型人口红利水平变化幅度较小，最高值为 22.98%，出现在 2010 年，最低值为 14.94%，出现在 2020 年，两者之间相差 8.04%。天津数量型人口红利的最高值和最低值所在的年份分别同北京一致，并且最高值为 22.04%，非常接近北京的最高值。最低值为 11.28%，两者之间相差 10.76%。内蒙古数量型人口红利最高值出现在 2011 年，为 19.83%，最低值出现在 2001 年，为 12.26%，两者相差 7.57%。河北省数量型人口红利最高值出现在 2008 年，为 15.32%，最低值出现在 2020 年，为 3.30%，两者相差高达 12.02%。

山西省数量型人口红利最高值出现在 2014 年，为 16.90%，最低值出现在 2000 年，为 6.35%，两者相差 10.55%。在 2009 年之前，河北省的数量型人口红利水平高于山西省。从 2009 年开始，山西省的数量型人口红利水平开始超过河北省，并且两者之间的差距逐渐增大。

表 2-4 2000—2020 年期间华北地区各省级行政区数量型人口红利水平

%

	北京	天津	河北	山西	内蒙古
2000 年	18.400 8	15.014 0	9.442 5	6.352 9	13.207 0
2001 年	19.137 4	13.469 0	9.335 8	7.363 9	12.258 4
2002 年	18.137 6	14.753 9	10.553 0	8.523 2	13.211 8
2003 年	18.606 7	15.218 2	13.061 7	8.942 3	14.092 1
2004 年	19.311 4	16.325 7	14.596 2	11.268 2	15.554 9
2005 年	19.295 2	17.984 4	14.123 0	10.301 8	15.104 8
2006 年	19.183 0	17.691 5	14.970 0	12.683 3	16.191 6
2007 年	20.576 0	18.148 2	14.390 9	12.969 1	16.369 3
2008 年	20.410 7	17.269 2	15.319 7	13.853 4	17.282 4
2009 年	20.388 1	19.288 3	14.681 7	14.705 9	17.630 9
2010 年	22.982 9	22.040 3	15.015 7	15.461 8	18.741 7
2011 年	22.747 2	19.980 1	14.209 9	16.291 3	19.831 0
2012 年	22.368 2	18.163 4	12.723 1	16.573 9	18.642 6
2013 年	21.865 0	17.681 5	12.807 8	16.550 2	18.062 7
2014 年	21.664 0	17.872 7	11.622 2	16.904 9	17.415 7
2015 年	19.618 1	19.973 7	11.056 6	15.948 7	17.699 2
2016 年	17.707 5	18.086 2	9.841 4	16.151 3	18.110 2
2017 年	16.851 2	17.749 6	9.336 9	15.552 2	15.784 1
2018 年	18.648 5	19.198 5	7.485 3	14.037 6	17.167 4
2019 年	18.487 6	17.984 3	6.392 2	13.519 4	17.053 8
2020 年	14.936 4	11.277 7	3.300 3	9.986 6	12.651 1

资料来源：根据历年《中国人口和就业统计年鉴》相关数据计算所得。

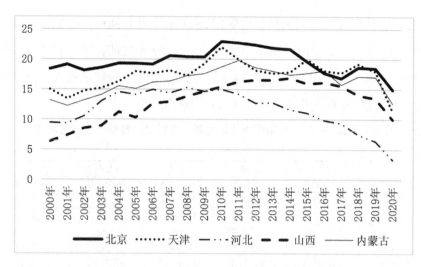

图 2-5 2000—2020 年期间华北地区各省级行政区数量型人口红利水平（%）

资料来源：根据历年《中国人口和就业统计年鉴》相关数据计算所得。

（5）西北地区各省级行政区数量型人口红利水平

表 2-5 和图 2-6 描绘的是 2000—2020 年期间测算所得的西北地区各省级行政区数量型人口红利的水平。如表 2-5 和图 2-6 所示，西北地区各省级行政区数量型人口红利曲线总体呈现出倒 U 形。具体来看，整体上陕西省的数量型人口红利水平在西北地区最高。研究期间内，其最高值出现在 2010 年，为 17.04%，最低值出现在 2001 年，为 7.42%，两者相差 9.62%。甘肃省在 2000—2020 年期间数量型人口红利的最高值为 14.75%，出现在 2014 年，最低值出现在两端，2000—2020 年的值相差非常小，分别为 6.35% 和 6.38%。青海数量型人口红利的最高值为 14.64%，也出现在 2014 年，最低值为 6.49%，出现在 2001 年，两者相差 8.15%。宁夏数量型人口红利的最高值为 13.48%，出现在 2011 年，最低值为 5.17%，出现在 2000 年，两者相差 8.31%。新疆数量型人口红利的最高值为 13.30%，出现在 2011 年，最低值为 6.07%，出现在 2019 年，两者相差 7.23%。

表 2-5　2000—2020 年期间西北地区各省级行政区数量型人口红利水平

%

	陕西	甘肃	青海	宁夏	新疆
2000 年	7.790 3	6.352 9	7.777 0	5.167 5	6.586 5
2001 年	7.415 2	6.907 5	6.485 2	5.679 5	7.331 1
2002 年	8.557 5	8.433 6	7.363 2	7.067 5	7.836 2
2003 年	10.753 1	9.479 7	8.339 4	6.328 6	8.829 4
2004 年	12.216 1	10.694 1	10.061 3	7.049 2	11.146 4
2005 年	11.328 9	8.204 1	8.887 2	6.447 9	9.000 0
2006 年	12.273 5	10.092 5	9.583 7	8.951 1	10.103 1
2007 年	12.772 0	10.901 5	10.361 2	9.401 0	11.243 1
2008 年	13.904 0	10.560 9	10.837 3	9.864 0	11.407 4
2009 年	14.260 8	12.497 5	11.593 4	11.334 5	11.717 8
2010 年	17.044 9	13.488 2	12.499 2	11.819 1	12.845 9
2011 年	16.742 4	14.200 4	13.368 1	13.483 3	13.296 9
2012 年	16.935 1	14.187 6	12.014 5	11.555 6	12.420 0
2013 年	15.190 7	14.179 2	12.707 7	12.383 2	12.528 3
2014 年	14.502 4	14.747 8	14.638 3	13.352 7	11.555 8
2015 年	14.640 4	13.404 7	12.573 6	12.218 6	10.374 8
2016 年	14.435 8	12.866 0	12.826 7	12.847 6	9.346 5
2017 年	13.091 5	11.711 4	11.628 1	12.964 0	8.815 9
2018 年	14.477 9	10.426 9	12.601 3	10.243 0	9.311 5
2019 年	13.246 5	10.785 8	11.509 9	8.719 7	6.066 3
2020 年	8.165 3	6.380 4	9.685 0	9.028 0	8.744 5

资料来源：根据历年《中国人口和就业统计年鉴》相关数据计算所得。

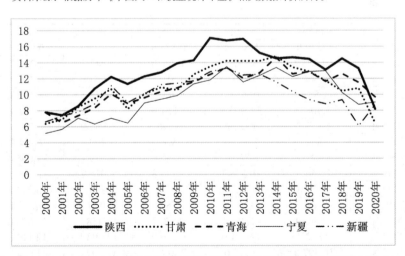

图 2-6　2000—2020 年期间西北地区各省级行政区数量型人口红利水平（%）

资料来源：根据历年《中国人口和就业统计年鉴》相关数据计算所得。

（6）西南地区各省级行政区数量型人口红利水平

表 2-6 和图 2-7 描绘的是 2000—2020 年期间测算所得的西南地区各省级行政区数量型人口红利的水平。如表 2-6 和图 2-7 所示，研究期间西南地区各省级行政区数量型人口红利的变化幅度相对较大。贵州省历年的数量型人口红利水平为最低，其他几个省级行政区的数量型人口红利也呈现出不断波动的趋势。具体来看，贵州省 2017 年数量型人口红利水平最高，为 7.39%，2005 年数量型人口红利水平为最低，为 -0.35%，两者相差 7.74%。重庆市 2003 年数量型人口红利水平最高，为 11.55%，2004 年数量型人口红利水平为最低，为 4.98%，最高值与最低值相差 6.57%。四川省 2010 年数量型人口红利水平最高，为 11.65%，与重庆市的最高值十分接近。2020 年数量型人口红利水平为最低，为 4.91%，最高值与最低值相差 6.74%。云南省 2011 年数量型人口红利水平最高，为 12.46%，2001 年数量型人口红利水平为最低，为 5.44%，最高值与最低值相差 7.02%。西藏 2009 年数量型人口红利水平最高，为 13.05%，2000 年数量型人口红利水平为最低，为 0.96%，最高值与最低值相差 12.09%。

表 2-6　2000—2020 年期间西南地区各省级行政区数量型人口红利水平

%

	重庆	四川	贵州	云南	西藏
2000 年	9.249 0	8.898 4	0.375 5	6.325 4	0.964 2
2001 年	10.363 2	7.837 4	1.994 0	5.441 1	4.249 3
2002 年	10.600 7	9.499 5	3.659 4	7.073 6	6.767 0
2003 年	11.554 1	10.683 0	4.269 3	6.818 5	4.930 5
2004 年	5.908 9	11.080 5	4.881 6	8.766 2	7.412 9
2005 年	6.853 1	5.283 6	−0.346 5	6.844 9	4.296 0
2006 年	7.841 4	7.454 4	1.506 7	8.740 8	7.862 7
2007 年	8.227 2	8.866 4	1.242 0	9.059 1	11.095 4
2008 年	7.746 5	10.558 3	3.243 8	9.016 2	10.799 5
2009 年	9.075 8	9.795 5	4.860 2	8.899 9	13.052 3
2010 年	10.661 3	11.653 6	3.557 6	11.121 7	9.718 4
2011 年	10.985 1	11.268 1	4.570 2	12.458 8	11.673 0
2012 年	9.892 4	11.501 0	6.176 0	12.393 5	12.114 8
2013 年	10.497 5	9.917 6	7.214 9	11.509 2	11.027 7

续表

	重庆	四川	贵州	云南	西藏
2014 年	9.823 8	8.762 2	7.277 6	11.950 3	8.944 2
2015 年	10.444 5	10.537 7	6.463 5	12.138 3	9.963 9
2016 年	9.779 9	9.471 9	6.494 5	11.670 1	10.301 3
2017 年	8.148 7	9.341 4	7.391 6	12.366 3	9.357 3
2018 年	7.170 0	7.233 4	4.124 0	11.977 2	10.036 8
2019 年	6.174 9	6.142 6	3.764 5	11.651 8	6.240 3
2020 年	4.981 3	4.911 1	1.235 9	8.619 5	8.764 3

资料来源：根据历年《中国人口和就业统计年鉴》相关数据计算所得。

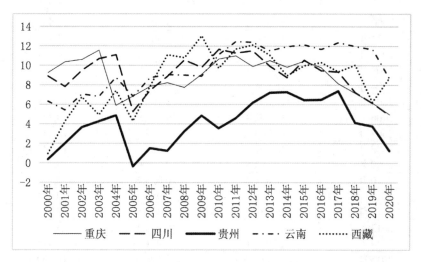

图 2-7　2000—2020 年期间西南地区各省级行政区数量型人口红利水平（%）

资料来源：根据历年《中国人口和就业统计年鉴》相关数据计算所得。

（7）东北地区各省级行政区数量型人口红利水平

表 2-7 和图 2-8 描绘的是 2000—2020 年期间测算所得的东北地区各省级行政区数量型人口红利的水平。如表 2-7 和图 2-8 所示，研究期间内东北三省数量型人口红利变动较为平缓。黑龙江 2011 年数量型人口红利水平最高，为 20.66%，2020 年数量型人口红利水平最低，为 14.02%，最高值与最低值相差 6.64%。吉林 2012 年数量型人口红利水平最高，为 20.42%，2020 年数量型人口红利水平最低，为 12.39%，最高值与最低值

相差 8.03%。辽宁 2012 年数量型人口红利水平最高，为 20.08%，2020 年数量型人口红利水平最低，为 10.89%，最高值与最低值相差 9.19%。可以发现，研究期间内这三个省级行政区数量型人口红利的最高值非常接近，并且最高值出现的年份也很相近。而这三个省级行政区数量型人口红利的最低值均出现在 2020 年。

表 2-7　2000—2020 年期间东北地区各省级行政区数量型人口红利水平

%

	辽宁	吉林	黑龙江
2000 年	14.512 0	15.307 9	15.856 2
2001 年	14.260 3	16.307 0	15.776 4
2002 年	16.437 6	17.340 5	16.914 5
2003 年	15.761 7	18.053 8	17.846 1
2004 年	16.904 8	19.036 7	19.052 9
2005 年	16.201 0	18.193 2	17.928 1
2006 年	17.172 9	19.002 6	18.281 9
2007 年	16.963 8	18.445 5	18.259 1
2008 年	16.797 7	19.025 9	18.537 7
2009 年	17.789 5	19.334 9	19.397 3
2010 年	18.639 8	20.025 7	20.178 8
2011 年	18.219 9	18.959 6	20.664 6
2012 年	20.084 1	20.416 5	19.433 5
2013 年	19.766 7	18.965 4	19.472 0
2014 年	17.912 1	17.951 8	19.414 1
2015 年	16.788 0	17.408 0	18.969 3
2016 年	16.364 5	16.753 8	18.369 7
2017 年	15.966 3	15.505 3	18.272 5
2018 年	14.950 6	15.475 8	17.542 9
2019 年	13.808 1	15.027 1	16.483 5
2020 年	10.887 7	12.387 7	14.025 1

资料来源：根据历年《中国人口和就业统计年鉴》相关数据计算所得。

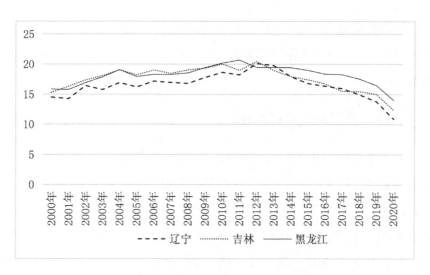

图 2-8　2000—2020 年期间东北地区各省级行政区数量型人口红利水平（%）

资料来源：根据历年《中国人口和就业统计年鉴》相关数据计算所得。

综合以上对于全国及各个省级行政区 2000—2020 年期间数量型人口红利水平的分析，可以发现以下特点：一是除少数省级行政区外，大多数省级行政区数量型人口红利水平的最高值出现在 2010 年左右，而最低值则出现在研究期间的两端，以 2020 年左右居多。从数量型人口红利水平的变动幅度来看，2000—2020 年期间由辽宁、吉林和黑龙江组成的东北地区变动趋势较为缓和，而华南地区、华中地区、西南地区各省级行政区的变化幅度则相对较大。

2.3　城市群层面数量型人口红利分析

为了深入了解我国数量型人口红利水平的发展趋势，除了从省级行政区层面按地区划分进行研究外，本部分利用公式（2-4）基于城市群层面进一步测算了 2000—2020 年期间五大城市群各个城市历年的数量型人口红利水平。鉴于城市层面数据的可得性，仅测算了 2000 年、2010 年和 2020

年三年的数量型人口红利水平。测算过程所需的历年各城市 15 ~ 64 岁劳动年龄人口占比主要来源于历年的《中国人口和就业统计年鉴》以及各城市的统计年鉴。

2.3.1 长三角城市群层面

表 2-8 和图 2-9 展示的是 2000 年、2010 年和 2020 年长三角城市群数量型人口红利水平。结合表 2-8 的数据和图 2-9 展示的变化趋势可以发现，在这三个年份中，长三角城市群各个城市数量型人口红利水平最高的是 2010 年。在 26 个城市中，宁波市 2000 年和 2020 年数量型人口红利的值相等，均为 15.26%。绍兴市 2000 年和 2020 年数量型人口红利的值接近相等，分别为 11.42% 和 11.43%。杭州、嘉兴、湖州、金华、合肥、安庆、滁州这几个城市 2000 年的数量型人口红利低于 2020 年的值。而其他 17 个城市 2000 年的数量型人口红利均高于 2020 年的值。从具体的年份来看，2000 年上海市的数量型人口红利水平最高，为 16.52%，而安庆市的数量型人口红利水平最低，为 2.17%，两者相差 14.35%。2010 年苏州市的数量型人口红利水平最高，为 22.61%，而滁州市的数量型人口红利水平最低，为 11.62%，两者相差 10.99%。2020 年杭州市的数量型人口红利水平最高，为 15.45%，而盐城市的数量型人口红利水平最低，为 2.17%，两者相差 13.28%。安庆市 2000 年的数量型人口红利水平与盐城市 2020 年的值保持一致。长三角城市群各城市在这三个年份中的最高值与最低值差值范围为 10.99% ~ 14.35%。

表 2-8　2000—2020 年期间长三角城市群数量型人口红利水平

%

	2000 年	2010 年	2020 年
上海	16.52	21.63	13.86
南京	16.352	21.66	13.42
无锡	15.21	20.61	12.03
常州	14.72	19.10	11.38
苏州	16.21	22.61	13.96

续表

	2000 年	2010 年	2020 年
南通	9.35	12.60	4.15
盐城	11.81	13.57	2.17
扬州	13.54	15.91	6.95
镇江	14.71	19.74	9.80
泰州	10.08	13.54	2.97
杭州	14.85	19.99	15.45
宁波	15.26	21.64	15.26
嘉兴	12.30	18.44	13.85
湖州	11.07	17.77	12.21
绍兴	11.42	17.60	11.43
金华	12.65	16.94	14.07
舟山	15.53	19.71	12.89
台州	12.65	14.76	10.95
合肥	9.79	17.82	10.92
芜湖	10.76	16.94	8.18
马鞍山	10.04	16.86	6.52
铜陵	12.77	16.39	6.59
安庆	2.17	12.91	3.89
滁州	3.43	11.62	6.04
池州	7.04	13.54	5.91
宣城	11.04	13.93	6.79

资料来源：根据历年《中国人口和就业统计年鉴》及各省市统计年鉴相关数据计算所得。

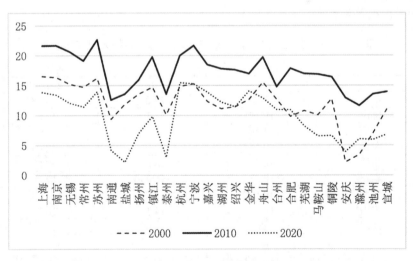

图 2-9　2000—2020 年期间长三角城市群数量型人口红利水平（％）

资料来源：根据历年《中国人口和就业统计年鉴》及各省市统计年鉴相关数据计算所得。

2.3.2 珠三角城市群层面

表 2-9 和图 2-10 展示的是 2000 年、2010 年和 2020 年珠三角城市群数量型人口红利水平。结合表 2-9 的数据和图 2-10 展示的变化趋势可以发现，深圳市在 2000 年、2010 年和 2020 年的数量型人口红利水平分别为 29.55%、27.96% 和 22.03%，呈逐年下降的趋势。除此之外，珠三角城市群其余 8 个城市在这三个年份中的数量型人口红利水平呈先上升后下降的趋势。具体来看，深圳市 2000 年 29.55% 的数量型人口红利水平占据了各城市的榜首，肇庆市 2000 年的数量型人口红利则出现了负值，为 −1.50%，是当年度所有城市中的最低值，最高值与最低值之间相差 31.05%。2010 年东莞市的数量型人口红利水平最高，为 28.84%，而肇庆市的数量型人口红利水平最低，为 9.02%，两者相差 19.82%。2020 年东莞市的数量型人口红利水平最高，为 23.59%，而肇庆市的数量型人口红利水平最低，为 3.56%，两者相差 20.03%。可以看出，肇庆市在这三个年份中数量型人口红利水平最低。同时，东莞市在 2010 年和 2020 年的数量型人口红利水平分别是对应年份最高的。珠三角城市群各城市在这三个年份中最高值与最低值差值范围为 19.82% ～ 31.05%。

表 2-9　2000—2020 年期间珠三角城市群数量型人口红利水平

%

	2000 年	2010 年	2020 年
广州	17.87	22.26	18.68
佛山	19.14	23.16	17.87
肇庆	−1.50	9.02	3.56
深圳	29.55	27.96	22.03
东莞	28.71	28.84	23.59
惠州	10.03	16.79	12.06
珠海	19.10	21.93	18.88
中山	19.72	24.16	18.70
江门	7.55	17.09	10.27

资料来源：根据历年《中国人口和就业统计年鉴》及各省市统计年鉴相关数据计算所得。

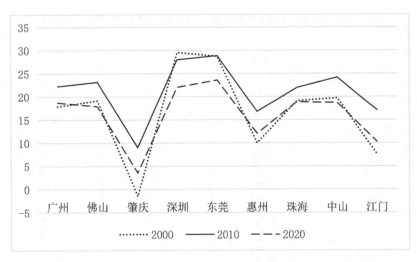

图 2-10　2000—2020 年期间珠三角城市群数量型人口红利水平（%）

资料来源：根据历年《中国人口和就业统计年鉴》及各省市统计年鉴相关数据计算所得。

2.3.3　京津冀城市群层面

表 2-10 和图 2-11 展示的是 2000 年、2010 年和 2020 年京津冀城市群数量型人口红利水平。结合表 2-10 的数据和图 2-11 展示的变化趋势可以发现，在这三个年份中，京津冀城市群各城市在 2010 年的数量型人口红利水平最高，其次是 2000 年，而 2020 年则是最低的。具体来看，北京市在 2000 年、2010 年和 2020 年这三个年份的数量型人口红利水平均为最高，分别为 18.40%、22.98% 和 14.94%。而邯郸市在这三个年份的数量型人口红利水平均为最低，分别为 7.46%、11.84% 和 −2.08%。2000 年、2010 年和 2020 年数量型人口红利最高值与最低值之间相差的值分别为 10.94%、11.14% 和 17.02%。京津冀城市群各城市在这三个年份中的最高值与最低值差值范围为 10.94% ~ 17.02%。值得注意的是，除了邯郸市之外，2020 年还有两个城市数量型人口红利也出现了负值，即邢台市和沧州市，分别为 −1.19% 和 −0.20%。

表 2-10　2000—2020 年期间京津冀城市群数量型人口红利水平

%

	2000 年	2010 年	2020 年
北京	18.40	22.98	14.94
天津	15.01	22.04	11.28
石家庄	9.53	16.91	6.13
张家口	9.94	13.64	5.15
秦皇岛	11.56	16.53	7.17
唐山	10.89	16.42	5.60
保定	10.15	14.84	3.84
廊坊	7.55	17.48	7.04
邢台	7.54	15.09	−1.19
邯郸	7.46	11.84	−2.08
衡水	10.07	15.44	1.56
沧州	8.39	13.72	−0.20
承德	9.97	13.99	6.63

资料来源：根据历年《中国人口和就业统计年鉴》及各省市统计年鉴相关数据计算所得。

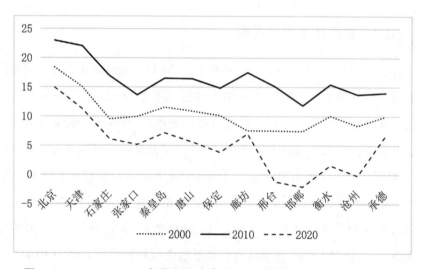

图 2-11　2000—2020 年期间京津冀城市群数量型人口红利水平（%）

资料来源：根据历年《中国人口和就业统计年鉴》及各省市统计年鉴相关数据计算所得。

2.3.4　长江中游城市群层面

表 2-11 和图 2-12 展示的是 2000 年、2010 年和 2020 年长江中游城市群数量型人口红利水平。结合表 2-11 的数据和图 2-12 展示的变化趋势可以发现，在这三个年份中，长江中游城市群各个城市数量型人口红利水平最高的是 2010 年。在 31 个城市中，鄂州市在 2020 年数量型人口红利的值为 6.86%，略高于 2000 年的 6.35%。南昌市在 2020 年数量型人口红利的值为 11.57%，同样高于 2000 年的 8.08%。除此之外，其他 29 个城市在 2000 年的数量型人口红利均高于 2020 年的值。具体来看，2000 年武汉市的数量型人口红利水平最高，为 15.10%，而上饶市的数量型人口红利水平最低，为 3.69%，两者相差 11.41%。2010 年武汉市的数量型人口红利水平最高，为 22.24%，而上饶市的数量型人口红利水平最低，为 7.62%，两者相差 14.62%。2020 年武汉市的数量型人口红利水平最高，为 15.25%，而吉安市的数量型人口红利水平最低，为 -1.87%，两者相差 17.12%。可见，2000 年、2010 年和 2020 年三个年份中，武汉市的数量型人口红利水平均为最高。长江中游城市群各城市在这三个年份中的最高值与最低值差值范围为 11.41% ~ 17.12%。

表 2-11　2000—2020 年期间长江中游城市群数量型人口红利水平

%

	2000 年	2010 年	2020 年
武汉	15.10	22.24	15.25
黄石	7.46	14.88	2.91
鄂州	6.35	17.03	6.86
黄冈	6.79	13.78	2.24
孝感	7.01	16.77	6.57
咸宁	6.22	14.78	3.34
仙桃	6.63	15.48	5.83
潜江	10.94	17.99	8.11
天门	8.62	17.74	1.70
襄阳	10.86	16.77	5.91
宜昌	13.12	18.80	9.48
荆州	10.74	17.20	6.70

续表

	2000 年	2010 年	2020 年
荆门	11.95	19.83	9.39
长沙	15.01	17.73	11.86
株洲	11.35	15.59	5.22
湘潭	10.03	14.59	5.76
岳阳	9.75	14.92	4.30
益阳	9.02	13.76	2.20
常德	12.32	15.47	3.47
衡阳	8.26	9.85	0.90
娄底	6.74	10.12	−1.55
南昌	8.08	13.74	11.57
九江	7.05	11.12	4.11
景德镇	8.69	12.79	5.39
鹰潭	8.04	10.31	3.43
新余	12.66	12.87	4.98
宜春	6.44	9.69	1.39
萍乡	8.66	11.33	4.01
上饶	3.69	7.62	1.00
抚州	6.28	9.78	3.06
吉安	7.43	10.61	−1.87

资料来源：根据历年《中国人口和就业统计年鉴》及各省市统计年鉴相关数据计算所得。

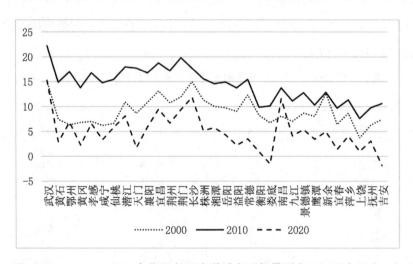

图 2-12　2000—2020 年期间长江中游城市群数量型人口红利水平（%）

资料来源：根据历年《中国人口和就业统计年鉴》及各省市统计年鉴相关数据计算所得。

2.3.5　成渝城市群层面

表 2-12 和图 2-13 展示的是 2000 年、2010 年和 2020 年成渝城市群数量型人口红利水平。结合表 2-12 的数据和图 2-13 展示的变化趋势可以发现，在这三个年份中，自贡市的数量型人口红利水平逐年下降，分别为 18.42%、9.87% 和 −1.19%。除此之外，成渝城市群的其他 15 个城市在这三个年份中的数量型人口红利水平呈先上升后下降的趋势。具体来看，自贡市在 2000 年的数量型人口红利水平最高，为 18.42%，而广安市在同一年的数量型人口红利水平最低，为 2.33%，两者相差 16.09%。2010 年成都市的数量型人口红利水平最高，为 19.75%，而广安市的数量型人口红利水平最低，为 3.24%，两者相差 16.51%。2020 年成都市的数量型人口红利水平最高，为 12.85%，而内江市的数量型人口红利水平最低，为 −7.53%，两者相差 20.38%。成渝城市群各城市在这三个年份中的最高值与最低值差值范围为 16.09% ~ 20.38%。值得注意的是，除了内江市之外，自贡、南充、广安和资阳四个城市的数量型人口红利也都呈现出了不同程度的负值，分别为 −1.19%、−0.14%、−1.27% 和 −5.03%。

表 2-12　2000—2020 年期间成渝城市群数量型人口红利水平

%

	2000 年	2010 年	2020 年
成都	15.78	19.75	12.85
自贡	18.42	9.87	−1.19
泸州	6.52	13.20	0.69
德阳	12.68	15.48	4.51
绵阳	12.07	14.58	5.67
遂宁	4.67	13.40	1.47
内江	8.81	10.97	−7.53
乐山	15.29	18.74	4.53
南充	6.95	10.54	−0.14
眉山	9.20	12.29	3.21
宜宾	7.27	7.31	2.79
广安	2.33	3.24	−1.27
达州	5.24	7.35	1.65

续表

	2000 年	2010 年	2020 年
雅安	10.13	12.70	5.80
资阳	9.55	13.71	−5.03
重庆	6.09	10.66	4.98

资料来源：根据历年《中国人口和就业统计年鉴》及各省市统计年鉴相关数据计算所得。

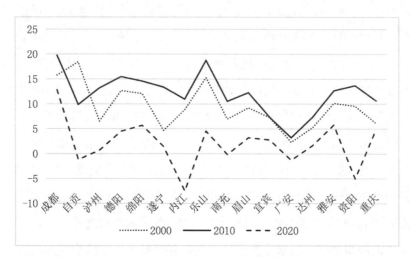

图 2-13　2000—2020 年期间成渝城市群数量型人口红利水平（%）

资料来源：根据历年《中国人口和就业统计年鉴》及各省市统计年鉴相关数据计算所得。

综合以上对于五大城市群各城市在 2000 年、2010 年和 2020 年三个年份的数量型人口红利水平的分析，可以发现以下几点特征：首先，与省级行政区层面的数量型人口红利类似，大部分城市在 2010 年的数量型人口红利水平最高，而 2020 年的数量型人口红利水平最低，仅有少数城市例外。其次，从数量型人口红利水平的变动幅度来看，珠三角城市群的变动范围最大，其次是成渝城市群，而长三角城市群、京津冀城市群和长江中游城市群的变动范围相对较小，都控制在 20% 以下。此外，2000 年珠三角城市群肇庆市的数量型人口红利水平出现了负值。而 2020 年，京津冀城市群、长江中游城市群和成渝城市群都有城市的数量型人口红利水平出现负值，其中成渝城市群出现负值的城市为最多。

第 3 章　结构型人口红利空间水平测度

3.1　结构型人口红利测算模型构建

3.1.1　模型构建基础

已有文献中有不少关于地区经济增长过程中结构红利的研究。有的研究认为，结构红利包含了产业结构效应、劳动力转移效应和资本转移效应（王振华 等，2019）。由劳动力流动产生的劳动力转移效应只是构成结构红利的一部分。当前测算结构红利的文献采用份额偏离法（shift share）测算的较多。份额偏离法的首创者是 Fabricant（1942），后经 Perloff 等（1960）、Thirlwall（1967）、Barff 和 Prentice（1988）等学者逐步优化，并被国内外学者应用于结构红利的估算。刘华军、雷名雨（2019）基于份额偏离法对 2001—2016 年中国劳动生产率每年的增长率进行了估算，并将其分解成内部增长效应、静态转移效应和动态转移效应，同时基于省级行政区层面分析了研究期间内结构红利的变化趋势。昌忠泽、毛培、张杰（2019）利用份额偏离法的测算结果探讨了 1994—2015 年期间省级行政区层面由于工业资本流动所产生的结构红利问题。赵诗意、袁鹏（2020）则采用份额偏离法分析研究了全要素生产率中存在的结构红利。除了份额偏离法，对全要素生产率增长率进行分解也是学者们测算结构红利的一种常见方法。胡亚茹、陈丹丹（2019）通过将全要素生产率增长率分解成技术效应和要素配置产生的结构效应两部分，测算了 1997—2015 年间全要素生产率增长率及其包含的结构红利。上述这些研究主要关注劳动力生产率或全要素生产率中形成的总的结构红利及其分解效应。对于结构型人口红利，即主要是由劳动力产业或部门流动所产生的结构红利，研究者们各自基于不同的视角并采取多种方法探索经济增长过程中产生的结构型人口红利。尹秀芳（2016）构建随机前沿生产函数研究自改革开放以来至 2013 年这一期间内由劳动力流动所产生的结构红利。王立胜、孙泽玮（2019）利用份额偏离法计算了 1990—2017 年期间劳动力由农业流向非农产业所形成的结构红利。唐代盛、盛伟（2019）构建多层次回归模型探讨城镇化带来的结构型人口红利。

3.1.2 估算模型介绍

孙学涛（2020）在探讨数字金融与结构红利关系问题时构建了估算结构红利的模型，而孙学涛、张广胜（2020）则在研究城市经济发展时对结构红利估算的模型进行了调整和优化。鉴于本部分重点关注结构型人口红利的水平，因此我们将借鉴孙学涛（2020）和孙学涛、张广胜（2020）的结构红利模型研究基本思路。同时，考虑到结构型人口红利与上述文献中的结构红利存在一定的差异，故根据本研究需要对其模型进行相应修改。

一般在长期情况下，柯布 – 道格拉斯生产函数如公式（3–1）所示：

$$Q_t = A_t K_t^{\alpha} L_t^{\beta} \tag{3-1}$$

式（3–1）中，Q_t 代表的是第 t 年的产出；A_t 代表的是第 t 年的技术进步情况（丁利春 等，2022），技术进步可以带来生产效率的提升，在有的文

献中直接代表第 t 年的全要素生产率 TFP（叶宗裕，2014）；K_t 代表的是第 t 年的资本要素投入；L_t 代表的是第 t 年的劳动要素投入。根据柯布 - 道格拉斯生产函数（3-1），可以认为劳动、资本等生产要素投入以及生产效率均是地区总产出增长的重要因素，地区经济增长离不开这些要素。据此，总产出增长率可以用公式（3-2）表示：

$$\Delta Q_t / Q_t = f(k_t, l_t, tfp_t) \qquad (3-2)$$

假设经济体中只存在农业部门和非农产业部门，则公式（3-2）可以调整为公式（3-3），如下所示：

$$\Delta Q_{it} / Q_{it} = f(k_{it}, l_{it}, tfp_{it}) \qquad (3-3)$$

公式（3-3）中，当 i 取值为 1 时，代表的是农业部门，i 取值为 2 时，则代表的是非农产业部门。因此，两个部门经济增长水平的差距体现在公式（3-4）中：

$$\Delta Q_{1t} / Q_{1t} - \Delta Q_{2t} / Q_{2t} = f(k_{1t}, l_{1t}, tfp_{1t}) - f(k_{2t}, l_{2t}, tfp_{2t}) \qquad (3-4)$$

根据劳动力流动理论，随着经济的发展，农业部门中存在的剩余劳动力会逐步向非农产业部门转移，导致农业部门和非农产业部门的产出水平和效率都发生变化。这种两部门之间生产效率的变化是由劳动力在不同部门之间流动和转移所产生的，本书称之为结构型人口红利。据此，公式（3-4）可以调整为公式（3-5），如下所示：

$$\Delta Q_{1t} / Q_{1t} - \Delta Q_{2t} / Q_{2t} = f(k_{1t}, l_{1t} - \Delta l_{1t}, tfp'_{1t}) - f(k_{2t}, l_{2t} + \Delta l_{2t}, tfp'_{2t}) \qquad (3-5)$$

因为前文已经假定经济体中只有农业部门和非农产业部门，因此我们可以认为，农业部门流出的劳动力与非农产业部门流入的劳动力在数量上是相等的，即有如下公式：

$$\Delta l_{1t} = \Delta l_{2t} = \Delta l_t \qquad (3-6)$$

结合公式（3-5）和（3-6），可以得到公式（3-7）如下：

$$\Delta Q_{1t} / Q_{1t} - \Delta Q_{2t} / Q_{2t} = \Delta l_t f(k_{1t}, l_{1t}-, tfp'_{1t}) - f(k_{2t}, l_{2t} + \Delta l_t, tfp'_{2t}) \qquad (3-7)$$

对公式（3-7）进行简化，可以得到公式（3-8）如下：

$$S_t = \Delta l_t (tfp'_{1t} / l_{1t} - tfp'_{2t} / l_{2t}) \tag{3-8}$$

公式（3-8）中，S_t 代表的第 t 年的结构型人口红利，其他变量含义同前文。

3.1.3　两部门全要素生产率测算

参考研究全要素生产率的相关文献，同时结合本部分研究的实际需要，此处全要素生产率的计算通过采用 Deap2.1 软件测算 DEA–Malmquist 指数予以实现。DEA 是一种效率分析方法，以决策单元作为研究对象，探讨不同投入产出转换所产生的效率高低。Malmquist 指数始于利用距离函数的消费趋势研究。Fare 等（1994）学者基于非参检验思想将 DEA 方法与 Malmquist 指数有效连接起来使用，即 DEA–Malmquist 指数。该指数可用于分析随时间推移全要素生产率指数的变化情况。借鉴 Fare 等（1994）的做法，我们可以进行如下的假设和设置：

$$
\begin{aligned}
Y(p_n^t, q_n^t, p_n^{t+1}, q_n^{t+1}) &= \sqrt{\frac{D_n^t(p_n^{t+1}, q_n^{t+1})}{D_n^t(p_n^t, q_n^t)} \times \frac{D_n^{t+1}(p_n^{t+1}, q_n^{t+1})}{D_n^{t+1}(p_n^t, q_n^t)}} \\
&= \frac{D_n^{t+1}(p_n^{t+1}, q_n^{t+1})}{D_n^t(p_n^t, q_n^t)} \times \sqrt{\frac{D_n^t(p_n^{t+1}, q_n^{t+1})}{D_n^{t+1}(p_n^{t+1}, q_n^{t+1})} \times \frac{D_n^t(p_n^t, q_n^t)}{D_n^{t+1}(p_n^t, q_n^t)}}
\end{aligned} \tag{3-9}
$$

公式（3-9）中，$Y(p_n^t, q_n^t, p_n^{t+1}, q_n^{t+1})$ 即 Tfpch，表示是本部分需要测算的全要素生产率指数。p 指的是投入水平，q 则指的是产出水平。t 代表的是时期，从 2000—2020 年。n 代表的是除西藏以外的 30 个省、自治区、直辖市。$D_n^t(p_n^t, q_n^t)$ 代表的是 t 时期的 (p_n^t, q_n^t) 距离函数。$D_n^{t+1}(p_n^t, q_n^t)$ 代表的是 $t+1$ 时期的 (p_n^t, q_n^t) 距离函数。$D_n^t(p_n^{t+1}, q_n^{t+1})$ 代表的是 t 时期的 (p_n^{t+1}, q_n^{t+1}) 距离函数。$D_n^{t+1}(p_n^{t+1}, q_n^{t+1})$ 代表的是 $t+1$ 时期的 (p_n^{t+1}, q_n^{t+1}) 距离函数。$D_n^{t+1}(p_n^{t+1}, q_n^{t+1})$ 与 $D_n^t(p_n^t, q_n^t)$ 的比值指的是技术进步的变动情况。公式（3-9）等式右边的后一项指的是技术效率的变动情况，这一项可以进一步细分为

纯技术效率和规模效率两项。一般而言，全要素生产率及其分解项的值以 1 作为临界值进行判断。若 $Y(p_n^t, q_n^t, p_n^{t+1}, q_n^{t+1})$ 的值超过 1，则意味着与前一期相比，全要素生产率获得了提升。若 $Y(p_n^t, q_n^t, p_n^{t+1}, q_n^{t+1})$ 的值不到 1，则意味着与前一期相比，全要素生产率降低了。同样地，如果 $D_n^{t+1}(p_n^{t+1}, q_n^{t+1})$ 与 $D_n^t(p_n^t, q_n^t)$ 的比值超过 1，意味着当前的技术进步效率要比前一期高，技术进步提升了全要素生产率。如果 $D_n^{t+1}(p_n^{t+1}, q_n^{t+1})$ 与 $D_n^t(p_n^t, q_n^t)$ 的比值不到 1，则意味着当前的技术进步效率要比前一期低，这可能不利于全要素生产率的增长。技术效率代表着不同技术水平下决策单元的利用水平，其变动及其对全要素生产率的影响与技术进步效率类似。由于技术效率可以由纯技术效率和规模效率两项构成，因此进一步分析可知，当两者的值超过 1 时，意味着当前的纯技术效率和规模效率要比前一期高，两者促进了技术效率的提升，并间接作用于全要素生产率的增长。相反地，当两者的值不到 1 时，意味着当前的纯技术效率和规模效率要比前一期低，两者阻碍了技术效率的提升，并间接影响到全要素生产率的增长。

　　基于上述分析，结合数据的可得性，本部分在求农业部门的全要素生产率时，产出指标采用除西藏以外 30 个省、自治区、直辖市的第一产业产值。投入指标中，劳动力投入采用除西藏以外 30 个省、自治区、直辖市的第一产业就业人数，土地投入采用农作物播种面积，资本投入采用农业机械总动力。对于非农产业部门全要素生产率的求解，产出指标采用除西藏以外 30 个省、自治区、直辖市的第二、三产业产值总和。投入指标中，劳动力投入采用除西藏以外 30 个省、自治区、直辖市的第二、三产业就业人数总和，资本投入采用第二、三产业资本存量总和，城市建设情况采用建成区面积指标。鉴于研究期间为 2000—2020 年，因此所涉及的不同产业产值、资本存量均以 2000 年为基期进行折算。估算所用数据来源于国家统计部门发布的研究期间内各年份的《中国统计年鉴》《中国人口和就业统计年鉴》以及各省、自治区、直辖市的统计年鉴等资料。

3.2 结构型人口红利及相关测算结果分析

3.2.1 全要素生产率测算结果分析

根据上一部分关于全要素生产率的测算方法以及收集整理的相关数据，本部分基于 Deap2.1 软件实现了 DEA-Malmquist 指数的测算，下面对测算结果进行分析。表 3-1 和表 3-2 分别展示了 2000—2020 年间农业和非农产业部门全要素生产率指数的整体变化趋势。表 3-3 和表 3-4 则分别展示了 2000—2020 年间省级行政区层面农业和非农产业部门全要素生产率指数的整体变化趋势。

如表 3-1 所示，2000—2020 年间农业全要素生产率指数均超过了 1，整体呈现出逐年提升的变化趋势。其中，研究期间内农业全要为素生产率指数的最高值为 1.266，出现在 2019—2020 年间；最低值为 1.062，出现在 2011—2012 年间。2000—2020 年间所有年份的纯技术效率均不到 1，这意味着纯技术效率呈现出逐年降低的趋势。研究期间内规模效率则表现出近半的值超过 1，另外一大半的值不到 1 的现象。具体而言，有 8 个年份的规模效率出现了上升，而有 12 个年份的规模效率则出现了下降。由于纯技术效率和规模效率共同对技术效率产生影响，因此，除 2011—2012 年间技术效率的值为 1.001，超过了临界值 1，研究期间内其余各年份的技术效率值都不到 1，意味着历年的技术效率均要比前一年有所降低。技术效率受到纯技术的影响更大一些。此外，2000—2020 年间农业全要素生产率的分解项技术进步的值则都超过了 1，呈现出逐年上升的态势。从均值来看，2000—2020 年间全国农业全要素生产率年均增长了 10%。从具体的分解项来看，研究期间内纯技术效率年均下降了 2.2%，规模效率年均下降了

0.6%，导致技术效率年均下降了2.8%。同时，研究期间内技术进步年均增长了13.3%。综上所述，2000—2020年间全国农业全要素生产率的增长主要得益于历年技术进步的提升。

表3-1　2000—2020年期间农业全要素生产率指数整体变化趋势

年份	技术效率	技术进步	纯技术效率	规模效率	全要素生产率
2000—2001年	0.989	1.093	0.986	1.003	1.080
2001—2002年	0.981	1.113	0.987	0.993	1.091
2002—2003年	0.967	1.142	0.983	0.984	1.104
2003—2004年	0.975	1.116	0.986	0.989	1.088
2004—2005年	0.954	1.143	0.971	0.982	1.090
2005—2006年	0.970	1.143	0.975	0.995	1.109
2006—2007年	0.977	1.189	0.974	1.003	1.162
2007—2008年	0.975	1.102	0.984	0.991	1.074
2008—2009年	0.992	1.086	0.990	1.002	1.077
2009—2010年	0.938	1.154	0.943	0.996	1.083
2010—2011年	0.984	1.106	0.977	1.008	1.088
2011—2012年	1.001	1.061	0.987	1.014	1.062
2012—2013年	0.986	1.086	0.993	0.994	1.071
2013—2014年	0.929	1.168	0.989	0.939	1.085
2014—2015年	0.993	1.084	0.997	0.996	1.076
2015—2016年	0.997	1.114	0.991	1.005	1.110
2016—2017年	0.972	1.128	0.988	0.984	1.096
2017—2018年	0.953	1.156	0.989	0.964	1.101
2018—2019年	0.995	1.098	0.990	1.005	1.093
2019—2020年	0.918	1.380	0.887	1.034	1.266
均值	0.972	1.133	0.978	0.994	1.100

如表3-2所示，2000—2020年间非农产业部门全要素生产率指数均超过了1，整体呈现出逐年提升的变化趋势。各个年份的非农产业部门全要素生产率指数较为接近，其值在1.007～1.047之间。其中，最低值1.007出现在2012—2013年间，最高值1.047则出现在2006—2007年间。2000—2020年间的纯技术效率和规模效率围绕着临界值1上下小幅度波动。受此影响，研究期间内技术效率也呈现出类似的变动趋势。这意味着2000—2020年间技术效率有升有降，但变化幅度均不大，都在临界值1周

围。此外，2003—2004 年间技术进步的值为 0.996，2012—2013 年间技术进步的值为 0.999，均略低于临界值 1。除此之外，研究期间内技术进步的值均超过了 1。从均值来看，2000—2020 年间全国非农产业部门全要素生产率年均增长了 2.3%，该数值低于同时期全国农业全要素生产率的年均增长水平。从具体的分解项来看，研究期间内纯技术效率年均增长了 0.1%，规模效率年均下降了 0.1%，两者的共同作用导致技术效率年均下降了 0.1%。同时，研究期间内技术进步年均增长了 2.4%。综上所述，与农业全要素生产率增长的原因类似，2000—2020 年间全国非农产业部门全要素生产率的增长主要得益于历年技术进步的提升。

表 3-2　2000—2020 年期间非农产业部门全要素生产率指数整体变化趋势

年份	技术效率	技术进步	纯技术效率	规模效率	全要素生产率
2000—2001 年	0.995	1.044	1.000	0.995	1.039
2001—2002 年	0.993	1.026	0.995	0.997	1.019
2002—2003 年	1.006	1.014	1.010	0.997	1.021
2003—2004 年	1.018	0.996	1.013	1.005	1.015
2004—2005 年	1.012	1.025	1.008	1.004	1.037
2005—2006 年	1.015	1.021	1.006	1.009	1.036
2006—2007 年	1.002	1.045	1.001	1.001	1.047
2007—2008 年	1.010	1.017	1.009	1.002	1.027
2008—2009 年	0.997	1.027	1.001	0.996	1.024
2009—2010 年	1.011	1.017	1.003	1.008	1.028
2010—2011 年	0.992	1.027	0.997	0.995	1.019
2011—2012 年	1.015	1.004	1.007	1.009	1.020
2012—2013 年	1.007	0.999	1.006	1.002	1.007
2013—2014 年	0.984	1.035	0.991	0.993	1.018
2014—2015 年	0.986	1.033	0.992	0.993	1.019
2015—2016 年	0.995	1.025	0.994	1.001	1.020
2016—2017 年	0.992	1.030	0.996	0.997	1.022
2017—2018 年	1.000	1.021	1.004	0.996	1.020
2018—2019 年	0.969	1.053	0.984	0.984	1.020
2019—2020 年	0.989	1.023	1.001	0.987	1.011
均值	0.999	1.024	1.001	0.999	1.023

如表 3-3 所示，2000—2020 年间省级行政区层面农业全要素生产率指数均在 1 之上，整体呈现出逐年提升的变化趋势。其中，研究期间内省级行政区层面农业全要素生产率指数的最高值是 1.160，出现在浙江省；最低值也有 1.042，出现在贵州省。全国 30 个省、自治区、直辖市中，纯技术效率大于 1 的省级行政区有江苏、浙江、河南，纯技术效率等于 1 的有北京、上海、福建、山东和广东 5 个省级行政区。除这 5 个省级行政区之外，其余 25 个省、自治区、直辖市的纯技术效率均不到 1。这意味着研究期间内大部分省、自治区、直辖市的纯技术效率呈现出降低的趋势。研究期间内规模效率大于 1 的省级行政区有天津、内蒙古、吉林、黑龙江、上海、浙江、青海、宁夏和新疆，规模效率等于 1 的有北京、安徽、江西 3 个省级行政区。除此之外，其余 18 个省、自治区、直辖市的规模效率均不到 1。受到纯技术效率和规模效率的共同影响，技术效率超过 1 的省级行政区只有上海和浙江两个，其值分别为 1.004 和 1.010。研究期间内北京市的技术效率为 1.000。除此之外，剩下的 27 个省、自治区、直辖市的技术效率都不到 1。这意味着研究期间内大部分省、自治区、直辖市的技术效率均出现了下降的态势。此外，2000—2020 年间省级行政区层面农业全要素生产率的分解项技术进步的值则都超过了 1，呈现出上升的态势。从均值来看，与 2000—2020 年间全国农业全要素生产率指数的均值一样，研究期间内省级行政区层面农业全要素生产率同样增长了 10%。从具体的分解项来看，研究期间内纯技术效率平均下降了 2.2%，规模效率平均下降了 0.6%，导致技术效率平均下降了 2.8%。同时，研究期间内技术进步平均增长了 13.1%。各项分解项的值与全国农业全要素生产率的值相差无几。综上所述，可以得出结论，2000—2020 年间省级行政区层面农业全要素生产率的增长主要得益于其分解项技术进步的提升。

表3-3 2000—2020年期间省级行政区层面农业全要素生产率指数整体变化趋势

	技术效率	技术进步	纯技术效率	规模效率	全要素生产率
北京	1.000	1.159	1.000	1.000	1.159
天津	0.993	1.136	0.991	1.002	1.128
河北	0.983	1.142	0.984	0.998	1.122
山西	0.970	1.137	0.981	0.989	1.103
内蒙古	0.956	1.146	0.948	1.009	1.096
辽宁	0.950	1.134	0.961	0.989	1.078
吉林	0.954	1.148	0.946	1.008	1.095
黑龙江	0.964	1.148	0.956	1.008	1.107
上海	1.004	1.125	1.000	1.004	1.129
江苏	0.989	1.132	1.004	0.985	1.120
浙江	1.010	1.149	1.008	1.002	1.160
安徽	0.985	1.138	0.985	1.000	1.122
福建	0.980	1.127	1.000	0.980	1.104
江西	0.975	1.128	0.975	1.000	1.100
山东	0.972	1.143	1.000	0.972	1.111
河南	0.986	1.140	1.001	0.986	1.124
湖北	0.964	1.112	0.966	0.998	1.071
湖南	0.980	1.140	0.988	0.992	1.117
广东	0.975	1.115	1.000	0.975	1.087
广西	0.965	1.120	0.974	0.991	1.081
海南	0.958	1.111	0.973	0.984	1.064
重庆	0.965	1.110	0.976	0.988	1.071
四川	0.959	1.100	0.966	0.993	1.055
贵州	0.942	1.106	0.953	0.988	1.042
云南	0.971	1.098	0.982	0.989	1.066
陕西	0.968	1.124	0.981	0.987	1.088
甘肃	0.962	1.130	0.975	0.986	1.086
青海	0.971	1.146	0.958	1.013	1.113
宁夏	0.977	1.147	0.975	1.002	1.120
新疆	0.937	1.149	0.936	1.001	1.077
均值	0.972	1.131	0.978	0.994	1.100

如表3-4所示，2000—2020年间安徽和湖南两个省级行政区的非农产业部门全要素生产率指数值为1，除此之外，其余28个省级行政区的非农产业部门全要素生产率指数都超过了1，整体呈现出上升的变化趋势。研究期间内省级行政区层面非农产业部门全要素生产率指数的最高值为1.042，出现在辽宁省。全国30个省、自治区、直辖市中，纯技术效率不

到 1 的省级行政区有北京、浙江、云南和新疆共 4 个，其值分别为 0.993、0.996、0.995 和 0.981。而纯技术效率等于 1 的有上海、江苏、安徽、福建、湖南、广东、广西、海南、重庆、贵州、青海和宁夏共 12 个省级行政区。其余 14 个省级行政区的纯技术效率均超过了 1。这意味着研究期间内近一半省级行政区的纯技术效率变动很小，另外近一半的省级行政区的纯技术效率出现上升的态势。研究期间内各省级行政区的规模效率变化并不大，其值范围在 0.988 ~ 1.002 之间。其中，有 10 个省级行政区的规模效率值为 1，分别是北京、上海、安徽、福建、湖南、广西、重庆、四川、贵州和陕西。由于技术效率是纯技术效率和规模效率的乘积，因此技术效率的变动范围也不大，其值范围在 0.980 ~ 1.010 之间。技术效率超过 1 的省级行政区有天津、河北、山西、辽宁、黑龙江、江西、河南、湖北、四川、陕西、甘肃和青海共 12 个，技术效率等于 1 的省级行政区有上海、安徽、福建、山东、湖南、广西、重庆、贵州共 8 个。除此之外，剩下的 10 个省级行政区的技术效率都不到 1。这意味着研究期间内大部分省级行政区的技术效率各有差异，但变化均不大。此外，2000—2020 年间省级行政区层面非农产业部门全要素生产率的分解项技术进步的值等于 1 的省级行政区有安徽和湖南 2 个。而其他省级行政区技术进步的值则都超过了 1，呈现出上升的态势。从均值来看，研究期间内省级行政区层面非农产业部门全要素生产率平均增长了 2.3%。从具体的分解项来看，研究期间内纯技术效率平均上升了 0.1%，规模效率平均下降了 0.1%，导致技术效率平均下降了 0.1%。同时，研究期间内技术进步平均增长了 2.4%。综上所述，可以得出结论，2000—2020 年间省级行政区层面非农产业部门全要素生产率的增长主要得益于其分解项技术进步的上升。

表 3-4 2000—2020 年期间省级行政区层面非农部门全要素生产率指数
整体变化趋势

	技术效率	技术进步	纯技术效率	规模效率	全要素生产率
北京	0.993	1.041	0.993	1.000	1.034
天津	1.001	1.027	1.004	0.997	1.028
河北	1.006	1.021	1.004	1.002	1.027
山西	1.004	1.025	1.002	1.002	1.029
内蒙古	0.998	1.031	1.002	0.996	1.029
辽宁	1.006	1.036	1.008	0.998	1.042
吉林	0.999	1.035	1.002	0.998	1.035
黑龙江	1.003	1.033	1.003	1.001	1.036
上海	1.000	1.033	1.000	1.000	1.033
江苏	0.989	1.034	1.000	0.989	1.023
浙江	0.995	1.023	0.996	0.999	1.018
安徽	1.000	1.000	1.000	1.000	1.000
福建	1.000	1.012	1.000	1.000	1.012
江西	1.003	1.021	1.001	1.002	1.025
山东	1.000	1.026	1.005	0.996	1.026
河南	1.005	1.020	1.005	1.001	1.025
湖北	1.009	1.025	1.008	1.001	1.035
湖南	1.000	1.000	1.000	1.000	1.000
广东	0.991	1.028	1.000	0.991	1.018
广西	1.000	1.007	1.000	1.000	1.007
海南	0.988	1.028	1.000	0.988	1.016
重庆	1.000	1.008	1.000	1.000	1.008
四川	1.005	1.024	1.005	1.000	1.029
贵州	1.000	1.022	1.000	1.000	1.022
云南	0.996	1.021	0.995	1.001	1.016
陕西	1.003	1.023	1.004	1.000	1.026
甘肃	1.010	1.027	1.010	1.001	1.038
青海	1.002	1.028	1.000	1.002	1.030
宁夏	0.992	1.032	1.000	0.992	1.023
新疆	0.980	1.033	0.981	0.999	1.013
均值	0.999	1.024	1.001	0.999	1.023

3.2.2 结构型人口红利结果分析

根据前文结构型人口红利的测算模型以及收集的相关数据、已经测算
所得的不同部门全要素生产率等，可以计算所得 2000—2020 年期间全国及

各省、自治区、直辖市历年的结构红利水平。表 3-5 展示的是研究期间内历年全国的结构型人口红利水平，表 3-6 和表 3-7 展示的则分别是 2001—2010 年间各省、自治区、直辖市历年的结构型人口红利水平和 2011—2020 年间各省、自治区、直辖市历年的结构型人口红利水平。

如表 3-5 所示，可以发现研究期间内全国层面的结构型人口红利水平呈现出在波动中上升的趋势。其中，结构型人口红利水平最低值出现在 2001 年，为 0.040%。而最高值出现在 2020 年，为 5.044%。最高值与最低值之间相差了 5.004%。可见，在研究期间的二十年里，结构型人口红利水平整体上得到了大幅度的提升。具体来看，除了 2001 年之外，2002 年、2003 年和 2004 年的结构型人口红利水平也相对较低，分别为 0.047%、0.143% 和 0.755%，均在 1% 之下。与此同时，除了最高值之外，2013 年和 2014 年的结构型人口红利水平也相对较高，分别为 4.367% 和 4.345%。

表 3-5　2001—2020 年期间历年全国结构型人口红利水平

年份	结构型人口红利水平（%）
2001 年	0.040
2002 年	0.047
2003 年	0.143
2004 年	0.755
2005 年	1.031
2006 年	1.598
2007 年	1.734
2008 年	1.082
2009 年	1.597
2010 年	1.672
2011 年	3.007
2012 年	2.013
2013 年	4.367
2014 年	4.345
2015 年	3.022
2016 年	1.768
2017 年	2.187
2018 年	2.987
2019 年	3.507
2020 年	5.044

如表 3-6 所示，可以发现 2001—2010 年期间 30 个省、自治区、直辖市的结构型人口红利水平呈现出分布不均衡的状态。从均值来看，2001 年全国 30 个省、自治区、直辖市的结构型人口红利水平的平均值为负值，为 –0.053%。在 2001 年，超过一半的省、自治区、直辖市的结构型人口红利水平小于零，出现了结构型人口红利负利的现象。除此之外，30 个省、自治区、直辖市在 2002—2010 年九个年份每一年度结构型人口红利水平的均值均要大于零，说明这九年整体上收获了结构型人口红利。具体来看，2002—2004 年结构型人口红利水平为负值的省级行政区个数分别是 14 个、13 个、9 个，占比分别为 46.67%、43.33% 和 30%。2005 年和 2006 年人口红利水平为负值的省级行政区个数均为 8 个，占比均为 26.67%。2007—2010 年则分别有 5 个省级行政区的结构型人口红利水平为负值，占比均为 16.67%。根据不同省级行政区来看，在 2001—2010 年期间，北京、天津、河北、山西、辽宁、吉林、上海、江苏、浙江、福建、湖北和广东共计 12 个省级行政区的结构型人口红利水平均为正值，即这些省级行政区在这一时期收获了结构型人口红利，而其余 18 个省级行政区在 2001—2010 年期间均有不同数量年份的结构型人口红利出现了负值。值得注意的是，2001—2010 年期间，贵州和云南两个省级行政区结构型人口红利均为负值，这可能与两个省级行政区的农业劳动力余量较大导致农业劳动生产率较低存在较为紧密的关系。

表 3-6　2001—2010 年期间各省、自治区、直辖市结构型人口红利水平

%

	2001 年	2002 年	2003 年	2004 年	2005 年	2006 年	2007 年	2008 年	2009 年	2010 年
北京	2.465	5.730	8.551	2.032	1.150	3.322	1.121	3.240	1.326	1.367
天津	1.455	0.487	1.004	0.400	1.199	0.807	5.736	0.857	0.764	2.513
河北	0.010	0.102	0.075	0.908	0.980	1.040	1.318	0.004	0.063	0.485
山西	0.007	0.011	0.603	0.231	0.168	0.134	0.057	0.228	0.470	0.176
内蒙古	–0.012	0.005	–0.170	–0.320	–0.021	–0.083	–0.008	0.207	0.030	0.294
辽宁	0.106	0.784	0.243	1.534	0.066	0.492	0.978	0.429	0.276	0.535
吉林	0.005	0.018	0.057	1.423	0.098	0.027	0.031	0.030	0.230	0.075
黑龙江	0.000	0.006	–0.112	0.339	0.238	0.055	0.317	0.188	0.295	0.663

续表

	2001 年	2002 年	2003 年	2004 年	2005 年	2006 年	2007 年	2008 年	2009 年	2010 年
上海	2.269	3.515	16.345	10.548	11.390	11.389	3.284	9.654	1.807	36.991
江苏	1.373	2.699	4.672	4.462	4.259	5.006	6.032	3.192	4.242	4.695
浙江	2.617	3.997	5.604	4.532	2.023	4.692	5.251	1.656	1.587	12.027
安徽	−0.338	−0.347	−0.052	0.147	0.476	0.618	2.578	1.176	0.744	0.496
福建	0.316	0.042	1.173	0.909	1.938	1.392	3.082	0.977	0.930	0.229
江西	−0.040	0.362	2.532	0.094	0.008	0.005	0.355	0.033	0.405	0.239
山东	−0.049	0.294	1.107	1.141	3.465	0.435	1.441	0.965	0.350	0.569
河南	−1.572	−1.451	−0.995	−0.898	−0.509	−0.217	0.283	0.251	0.550	0.503
湖北	0.065	0.049	0.036	0.055	0.019	0.046	0.020	0.060	0.038	0.087
湖南	−0.561	−0.338	−0.085	0.329	0.323	0.773	1.029	0.388	0.475	0.061
广东	0.163	0.477	1.444	0.172	0.504	2.048	0.001	1.458	0.577	4.028
广西	−0.032	−0.029	−0.380	−0.491	−0.174	−0.017	0.000	−0.078	−0.353	−0.077
海南	−0.048	−0.313	−0.963	−0.289	−0.282	−0.470	−0.212	−0.018	−0.189	0.090
重庆	−0.901	−0.321	0.561	0.736	0.665	0.480	0.299	0.264	0.672	2.348
四川	−0.358	−0.475	−0.149	−0.157	−0.096	−0.513	0.266	0.640	0.448	1.416
贵州	−95.965	−1.130	−3.906	−0.146	−35.036	−1.573	−13.504	−4.515	−5.447	−8.753
云南	−1.598	−0.566	−0.599	−0.228	−0.192	−0.689	−0.606	−0.275	−0.230	−0.034
陕西	−0.374	−0.047	0.001	0.289	0.077	0.000	0.591	0.557	1.242	0.914
甘肃	−0.307	−0.101	−0.057	−0.025	−0.536	−0.020	−0.029	−1.087	−1.405	−0.050
青海	−3.293	−0.655	−0.158	0.038	0.238	0.482	1.163	0.306	0.827	0.705
宁夏	−0.225	−0.154	0.172	0.104	0.385	1.121	0.225	1.053	2.171	−7.222
新疆	−0.019	−0.201	−0.236	−0.194	0.042	0.044	0.065	0.063	0.111	0.227
中值	−0.053	0.126	0.385	0.499	0.707	0.671	1.075	0.676	0.716	1.114

　　如表 3-7 所示，与 2001—2010 年期间结构型人口红利水平的变化趋势类似，可以发现 2011—2020 年期间 30 个省、自治区、直辖市的结构型人口红利水平仍然呈现出分布不均衡的态势。但与前一阶段不同的是，从均值来看，2011—2020 年这十年期间所有年份的结构型人口红利均值都大于零，并且呈现出在波动中上升的趋势。这说明这一阶段各省、自治区、直辖市整体上收获了结构型人口红利，结构型人口红利的水平在波动中得以不断提升。具体来看，2020 年各个省、自治区、直辖市的结构型人口红利水平均大于零。除此之外，虽然 2011—2019 年每个年份结构型人口红利均值都为正值，但每一年份均出现了不同省、自治区、直辖市的结构型人口红利为负值的现象。2011 年中，结构型人口红利水平小于零的省级行

政区共有 4 个，分别是广西、贵州、云南和甘肃；2012 年有 5 个，分别是广西、贵州、云南、陕西和甘肃；2013 年、2014 年、2015 年也各有 4 个，具体地区和 2011 年一致。2016 年有 2 个，分别是贵州和云南；2017 年有 3 个，分别是贵州、云南和甘肃；2018 年和 2019 年分别有 2 个，分别是贵州和甘肃。由此可见，2011—2019 年期间广西、贵州、云南和甘肃这几个省级行政区的结构型人口红利水平大部分为负利。

分不同的省级行政区来看，2011—2020 年期间，北京、天津、河北、山西、内蒙古、辽宁、吉林、黑龙江、上海、江苏、浙江、安徽、福建、江西、山东、河南、湖北、湖南、广东、海南、重庆、四川、青海、宁夏和新疆共计 25 个省、自治区、直辖市的结构型人口红利水平收获了结构型人口红利，省级行政区数量是 2001—2010 年这一时期的整整两倍还多。剩下的 5 个省级行政区在 2011—2020 年期间均有不同数量年份的结构型人口红利出现了负值。值得注意的是，贵州出现结构型人口红利负值的年份最多，除了 2020 年收获了结构型人口红利之外，其余年份均为负值。其次是甘肃，出现结构型人口红利负值的年份有 8 个。云南出现结构型人口红利负值的年份是 7 个。广西和陕西出现结构型人口红利负值的年份则分别是 5 个和 1 个。

表 3-7　2011—2020 年期间各省、自治区、直辖市结构型人口红利水平

%

	2011 年	2012 年	2013 年	2014 年	2015 年	2016 年	2017 年	2018 年	2019 年	2020 年
北京	4.224	3.407	3.884	6.765	4.677	1.640	1.918	8.597	8.056	12.584
天津	0.899	2.706	3.311	1.490	2.787	1.656	3.933	4.570	3.140	7.872
河北	0.877	0.503	0.893	0.228	0.466	0.317	0.165	0.844	1.186	4.440
山西	0.813	0.180	0.279	0.847	0.333	0.348	0.023	2.100	1.591	4.662
内蒙古	0.086	0.439	0.171	0.082	0.710	1.049	0.059	0.608	1.281	3.344
辽宁	0.336	0.481	1.140	0.412	0.138	1.284	0.760	0.249	4.117	4.054
吉林	0.354	1.178	0.459	1.737	0.849	1.983	2.005	1.581	1.622	0.931
黑龙江	15.553	4.970	3.664	13.431	0.146	0.483	0.757	0.631	21.258	15.114
上海	0.535	17.120	9.721	14.133	2.687	1.285	7.629	4.766	0.074	0.132
江苏	2.989	2.779	2.944	3.574	4.382	3.546	4.870	4.118	3.773	4.301
浙江	8.094	2.475	2.776	0.963	1.713	5.582	4.022	2.201	7.789	28.981

续表

	2011 年	2012 年	2013 年	2014 年	2015 年	2016 年	2017 年	2018 年	2019 年	2020 年
安徽	0.432	2.236	2.483	2.399	0.835	0.563	0.939	0.450	0.309	1.111
福建	1.224	0.612	3.124	0.023	0.262	0.327	0.873	3.314	5.279	11.361
江西	1.204	2.114	1.695	1.485	1.216	1.081	1.857	2.780	2.533	6.578
山东	1.555	1.166	2.512	2.028	2.054	0.965	2.990	6.028	2.828	4.280
河南	0.481	0.560	1.048	1.144	1.133	0.067	1.845	3.067	2.218	11.405
湖北	0.161	0.574	1.036	2.294	2.549	2.591	2.615	3.044	2.740	5.280
湖南	0.208	0.227	0.275	0.105	0.818	0.808	2.204	1.669	1.790	8.778
广东	1.777	1.494	0.733	0.052	0.682	0.754	0.377	1.611	0.457	0.931
广西	−0.039	−0.814	−0.024	−0.074	−0.033	0.032	0.014	0.054	0.126	1.533
海南	0.166	0.332	1.219	1.140	0.211	0.059	0.745	1.093	1.238	2.515
重庆	3.041	3.988	4.488	4.690	4.002	3.925	3.183	2.486	1.881	1.775
四川	1.160	1.170	0.999	1.102	1.073	1.476	1.365	1.411	1.388	1.368
贵州	−1.232	−0.387	−0.538	−0.429	−0.357	−0.146	−0.291	−0.434	−0.183	2.697
云南	−0.689	−1.116	−0.311	−0.192	−0.126	−0.068	−0.014	1.911	0.664	1.006
陕西	1.575	−0.749	0.158	0.058	0.212	0.079	0.039	0.082	0.068	0.135
甘肃	−0.299	−0.967	−0.476	−0.415	−0.204	0.042	−0.369	−0.270	−0.232	1.022
青海	1.977	2.715	0.678	0.167	0.503	0.031	0.168	2.526	2.857	7.844
宁夏	1.530	1.460	2.063	5.033	4.013	4.085	7.784	6.110	6.703	7.409
新疆	0.443	0.393	0.580	0.371	0.577	1.040	3.188	0.301	2.648	2.978
中值	1.248	1.450	1.529	1.592	1.160	1.074	1.673	2.099	2.444	4.830

第4章 质量型人口红利空间水平测度

4.1 质量型人口红利测算模型构建

4.1.1 理论依据分析

随着数量型人口红利的逐步消退，学界开始逐渐关注质量型人口红利的收获问题。包含人力资本因素的"第二次人口红利"开始纳入学者们的研究范围之内（Andrew Mason，Ronald Lee，2006；Mason et al., 2016）。当前研究质量型人口红利的文献主要有几类：一是以教育水平作为第二次人口红利的基础，其被部分研究者称之为教育红利（周健，2021），亦是早期乃至至今学者们研究质量型人口红利的最关键来源之一。郭俊缨和张伊扬（2021）研究发现质量型人口红利的收获离不开促进受教育程度提升的相关国家政策和措施。钟水映等（2016）基于动态面板模型实证检验了整体教育水平的增加对经济增长的正向作用。二是强调质量型人口红利的获取取决于人力资本的提升。此时人力资本不仅仅指劳动力的受教育程度，而且还包括了劳动力的健康水平，即健康也是人力资本的重要构成部分之一。蔡昉（2020）研究认为教育人力资本和健康人力资本对于第二次人口红利的收获同等重要。原新和金牛（2021）持有类似观点，认为教育和健康两个方面形成的质量型人口红利有利于经济高质量发展。其中，健康是前提和基础，教育是核心和关键。李竞博和原新（2020）发现较高人力资本水平对劳动生产率的提升有着十分有利的帮助，从而有助于促进质量型人口红利的获取。三是关于质量型人口红利测算中采用的人力资本衡量方法、估算模型以及最终质量型人口红利水平高低的探讨。对于测算模型中人力资本的衡量，主要有下面几种方式：①成本法。孙景蔚（2005）基于会计成本法利用调整后的模型对人力资本水平进行了估算。王德劲（2008）从教育开支、保健成本、流动费用等几个方面对我国的人力资本水平进行了测算。②特征法。薛斯和邓力源（2016）在测算质量型人口红利时，以受教育年限为基础，将人力资本分为初中及以下、高中、大专及以上三类。③收入法。朱平芳和徐大丰（2007）是采用收入法测算人力资本水平的较早国内学者之一，他们在 LIHK 方法的基础上，结合中国数据可得性的实际情况，提出了一种基于收入的研究方法，可用于估算我国人力资本水平，这种方法在后来的研究者中应用的也相对较为广泛。云伟宏（2009）认为受教育水平和收入两个因素均可以用来估算人力资本水平，但两种方法估算的结果存在一定的差异。张同斌（2016）以朱平芳和徐大丰（2007）的估算方法为基础，通过求解基准工资、实际工资等指标来测算不同城市的人力资本水平。陆明涛和刘澈（2016）以 Mincer 工资方程为基石，计算不同国家和地区的人力资本水平，并对其差异进行对比分析。李海峥等（2014、2021）基于优化调整后的 Jorgenson-Fraumeni 终生收入法测算人力资本水平。④综合法，即用两种及两种以上的指标来衡量人力资本。如杨成钢（2018）提到的人力资本指标包含教育人力资本和健康人力资本两个维度。具体来说，教育人力资本用高等教育毛入学率和人均受教育水平进行表征，而健康人力资本则用人均预期寿命来表征。在测算质量型人口红利的模型方面，薛斯和邓力源（2016）结合布鲁姆等学者（2009）的模型，对柯布－道格拉斯生产函数进行调整之后形成质量型人口红利的估算模型。李钢等（2016）基于CGE模型对质量型人口红利进行了测算，研究发现劳动者人力资本的增加有利于质量型人口红利的收获。杨成钢（2018）在测算质量型人口红利时根据研究需要对索罗模型进行了扩充。对于质量型人口红利的发展水平，杨成钢和闫东东（2017）研究发现自1989年以来质量型人口红利整体上呈现出上升态势，2010年左右是里程碑节点，自此时起质量型人口红利发展迅速，而数量型人口红利逐步弱化。

4.1.2 人力资本水平测算模型

如前所述，在已有人力资本水平估算的多种方法中，以朱平芳和徐大丰（2007）为典型代表之一的收入法因可以基于工资收入来表征劳动者的人力资本水平，思路较为清晰明了。因此，在当前的研究中，这一方法被广泛采用，张同斌（2016）、高春亮（2020）等学者也在他们的研究中借鉴了这一方法。但也有学者研究发现基于朱平芳和徐大丰（2007）的方法测算的人力资本水平跟其他研究方法的测算结果及中国实际情况存在一定的差异。例如，罗植和赵安平（2014）的研究发现朱平芳和徐大丰（2007）关于我国人力资本水平的测算方法更适合于研究不同城市的人力资本水平，而基于省级行政区层面的人力资本水平测算结果显示出其与现实水平有较大的差异。他们分析了这种差异可能出现的两种原因，并在此基础上提出了可用于计算省级行政区层面人力资本水平的研究方法。基于以上分析和本部分研究的需要，本书在估算城市群层面各城市的人力资本水平时采用朱平芳和徐大丰（2007）的方法，而在估算省级行政区层面各省、市、自治区人力资本水平时则采用罗植和赵安平（2014）的研究方法。下面对这两种人力资本水平测算方法分别予以介绍。由于省级行政区层面和城市层面人力资本水平的测算是基于两种不同的方法得到的，因此对于测算所得的各省级行政区历年人力资本水平以及各城市历年人力资本水平不进行比较分析，本书主要关注各省级行政区内部历年人力资本水平的差异以及各城市群之间和城市群内部历年人力资本水平的不同。

（1）城市层面人力资本水平测算模型

朱平芳和徐大丰（2007）基于城市层面计算人力资本水平的公式如式（4-1）所示：

$$c_z = \left[\frac{w(z)}{w^*(d)} \right]^{\frac{1}{2\lambda}} \qquad (4-1)$$

公式（4-1）中，c_z 代表的是所要求解的人均人力资本水平，$w(z)$ 代表的是国家统计局公开发布的劳动力工资，$w^*(d)$ 代表的是效率工资水平，λ 为待估系数，可以用总收入中劳动收入占比来表示。对于 $w^*(d)$ 的计算，可通过公式（4-2）实现。

$$w^*(d) = \lambda k^{1-\lambda} \qquad (4-2)$$

$$\lambda = \frac{w(z)L}{Y} \qquad (4-3)$$

公式（4-2）中，L 代表的是劳动者数量，Y 代表的是总收入，k 代表的是各个城市的人均物质资本存量，其计算方式是估算所得的物质资本总存量除以总人数。根据国家统计局公布的各类统计数据，并结合各地的各类统计年鉴，利用公式（4-1）、公式（4-2）和公式（4-3）可以计算得到样本城市的人均人力资本水平。

（2）省级行政区层面人力资本水平测算模型

罗植和赵安平（2014）基于省级行政区层面计算人力资本水平的公式如式（4-4）所示：

$$c_z = \left[\frac{w(z)}{w^*(d)} \right]^{\frac{1}{1-\gamma+\lambda}} \qquad (4-4)$$

公式（4-4）中，c_z、$w(z)$、$w*(d)$、λ 这几个变量与公式（4-1）中的含义相同。变量 γ 也为待估系数，可以用资本占产出的比值来表示。$w(z)$ 的计算方法与公式（4-1）类似。对于 $w*(d)$ 的计算，可通过公式（4-5）实现。

$$w*(d) = \lambda \frac{K^{\gamma}}{L^{1-\lambda}} \qquad (4-5)$$

公式（4-5）中，根据罗植和赵安平（2014）的研究，λ 和 γ 分别取值 0.35 和 0.60。K 代表的是物质资本存量，L 代表的是劳动者数量。因此，根据可以获取到的各类公开数据，利用公式（4-4）和公式（4-5）可以计算得到样本省级行政区的人均人力资本水平。

4.1.3　质量型人口红利测算方法

前文理论依据分析部分已经阐明了当前关于质量型人口红利的研究虽然大部分是基于柯布－道格拉斯生产函数展开分析并构建模型的，但所采用的测算模型并不一致，而是根据各自研究的需要进行设置，各有优劣。高春亮（2020）构建的实证模型测算了人力资本的经济增长贡献，并克服了人力资本指标衡量的单一性和人力资本的经济增长贡献可能被低估等问题。因此，可借鉴高春亮（2020）的模型，调整之后用于测量本部分的质量型人口红利。具体的估计方程如公式（4-6）所示：

$$\ln(y_{it}) = \alpha_0 + \alpha_1 \ln h_{it} + \alpha_2 \ln x + \mu_i + \eta_i + \varepsilon_{it} \qquad (4-6)$$

公式（4-6）中，y_{it} 代表的是各地区历年人均国内生产总值，α_0 代表的是常数项，α_1 和 α_2 代表的是待估参数项，代表的 ε_{it} 是随机误差项，μ_i 代表的是地区固定效应，η_t 代表的是时间固定效应，h_{it} 代表的是人力资本水平，x 代表的是控制变量。具体包括人均物质资本存量、外商直接投资、公共财政支出和就业人口占比这四个变量。各变量的具体数据来源及计算方式在省级行政区层面和城市层面质量型人口红利结果分析部分进行详细说明。

4.2　质量型人口红利及相关测算结果分析

4.2.1　人力资本水平测算结果分析

（1）省级行政区层面人力资本水平分析

在根据公式（4-4）和公式（4-5）计算 2000—2020 年期间省级行政区层面的人力资本水平时，参数 λ 和 γ 的取值已在前文中说明。L 的数据来源是历年《中国统计年鉴》中各省级行政区的就业人员数。针对年份的不同，L 的取值分别为"按行业分城镇非私营单位就业人员数（年底数）（2017—2020 年）""按行业分城镇单位就业人员数（2003—2016 年）"和"分行业年底职工人数（2000—2002 年）"。物质资本存量 K 无法通过国家公布的各类统计资料获得，因此，根据张军（2004）、徐现祥等（2007）、单豪杰（2008）、宗振利和廖直东（2014）有关物质资本存量计算的方法，基于徐现祥等（2007）的研究思路，估算获取三产投资数据的价格平减指数，并以宗振利和廖直东（2014）的研究思路获得基于省级行政区层面的折旧率和基期资本存量，最终利用永续盘存法计算省级行政区层面的三次产业资本存量并予以加总。相关数据来源包括《中国统计年鉴》、不同时期的《中国固定资产投资统计年鉴》和《中国国内生产总值核算历史资料》等。公式（4-4）中 $w(z)$ 的数据来源是《中国劳动统计年鉴》，根据年份的不同，数据来源项为"分地区分登记注册类型城镇单位平均劳动报酬和平均生活费""各地区分登记注册类型城镇单位平均工资和平均生活费""各地区分登记注册类型城镇单位平均工资"。同时，取历年《中国统计年鉴》中的"各地区居民消费价格分类指数"作为价格平减指数，折算成以 2000 年为基期的就业人员平均工资。根据以上数据来源和公式（4-4）、公式（4-5），基于省级行政区层面的人力资本水平测算结果如表 4-1、表 4-2 和表 4-3 所示。

从表 4-1 的数据可以看出，2000—2010 年期间各省、自治区、直辖市的人均人力资本水平整体上呈逐年上升的趋势，这从历年的人均人力资本水平均值可以体现出来。2000 年，30 个样本省、自治区、直辖市的人均人力资本水平均值为 1.646，而到 2010 年，该值上升至 3.827，上升幅度为 132.46%。具体到各省级行政区看，2000—2010 年期间上海、海南、云南、甘肃和青海呈现出不同程度的波动式上升的态势。具体表现为虽然上海整个时期内人均人力资本水平实现了增长，但 2004 年的人均人力资本水平要比前一年份低。海南、云南和青海人均人力资本水平出现下降的年份分别在 2008 年、2004 年和 2003 年。而甘肃人均人力资本水平出现下降的年份则在 2008 年和 2010 年。2000—2010 年期间增幅较大的 2 个省级行政区分别为北京和浙江，其上升幅度分别为 270.91% 和 239.00%，均在 200% 以上。增幅较小的 7 个省级行政区分别为辽宁、吉林、黑龙江、云南、甘肃、青海和新疆，其上升幅度分别为 93.43%、57.30%、60.99%、76.37%、55.30%、71.55% 和 79.50%，均在 100% 以下。其余省级行政区人均人力资本水平的增幅均在 100% ~ 200% 之间。其中，高于均值增幅的省级行政区包括天津、山西、内蒙古、上海、安徽、福建、山东、河南、广西、海南、重庆、贵州和陕西共 13 个，低于均值增幅的省级行政区包括河北、江苏、江西、湖北、湖南、广东、四川和宁夏共 8 个。

从各省、自治区、直辖市 2000—2010 年期间人均人力资本水平的均值来看，北京的值最高，为 6.025。其次，黑龙江、重庆、天津、山西、湖南、广东、福建和上海 8 个省、自治区、直辖市的值相对较高，分别为 3.050、3.217、3.256、3.312、3.349、3.418、3.785 和 3.846。江苏、河北、江西、青海、湖北、内蒙古、四川和甘肃 8 个省级行政区的值相对较低，分别为 1.386、1.389、1.419、1.767、1.805、1.892、1.910 和 1.933。其余省级行政区的值在 1 ~ 2 之间。从人均人力资本水平的绝对值来看，2000—2010 年期间广西、重庆、山西、天津、广东、湖南、上海、福建和北京共 9 个省级行政区的人均人力资本水平均在对应年份的均值之上，其值相对较高。与之相反，江苏、河北、江西、湖北、青海、内蒙古、四川、河南、山东、甘肃、海南和安徽共 12 个省级行政区的人均人力资本水平则均在对应年份的均值之下，其值相对较低。从全国范围来看，北京的人均人力资本水平位于历年之首，上海、福建和广东等省级行政区的人均人力资本水平也较为靠前。

根据中国三大经济地带的划分，东部经济地带包含了北京、天津、河北、辽宁、上海、江苏、浙江、福建、山东、广东和海南共计 11 个省级行政区，中部经济地带包含了山西、吉林、黑龙江、安徽、江西、河南、湖北和湖南共计 8 个省级行政区，西部经济地带则包含了重庆、四川、贵州、云南、陕西、甘肃、青海、宁夏、新疆、广西、内蒙古和西藏共计 12 个省级行政区。由于本研究不包含西藏，故西部经济地带减少至 11 个省级行政区。从地区来看，2000—2010 年期间东部经济地带人均人力资本水平的均值依次为 1.756、1.924、2.125、2.426、2.627、2.873、3.141、3.428、3.734、4.127 和 4.499，中部经济地带的人均人力资本水平的均值依次为 1.646、1.766、1.926、2.068、2.156、2.344、2.559、2.778、2.927、3.265 和 3.528，西部经济地带的人均人力资本水平的均值依次为 1.536、1.713、1.857、2.002、2.077、2.235、2.445、2.676、2.833、3.171 和 3.372。对比三组数据可以发现，三大经济地带 2000—2010 年期间人均人力资本水平的均值均呈逐年上升的趋势。同时，研究期间内每一年度的人均人力资本水平均值都是东部经济地带的最高，中部经济地带次之，而西部经济地带的最低。

表 4-1　2000—2010 年期间基于省级行政区层面的人均人力资本水平

	2000 年	2001 年	2002 年	2003 年	2004 年	2005 年	2006 年	2007 年	2008 年	2009 年	2010 年
北京	2.670	3.054	3.725	4.580	5.258	5.741	6.511	7.224	8.514	9.094	9.902
天津	2.014	2.139	2.306	2.685	2.919	3.130	3.353	3.746	4.146	4.452	4.926
河北	0.973	1.021	1.113	1.168	1.224	1.309	1.380	1.481	1.680	1.895	2.037
山西	1.799	2.062	2.310	2.538	2.888	3.300	3.643	3.921	4.213	4.593	5.163
内蒙古	1.070	1.199	1.341	1.485	1.643	1.866	2.012	2.168	2.345	2.725	2.955
辽宁	1.959	2.085	2.200	2.302	2.448	2.664	2.803	2.932	3.312	3.588	3.789
吉林	1.833	1.852	1.981	2.032	2.034	2.075	2.235	2.490	2.587	2.807	2.884

续表

	2000年	2001年	2002年	2003年	2004年	2005年	2006年	2007年	2008年	2009年	2010年
黑龙江	2.321	2.457	2.588	2.819	2.883	3.034	3.223	3.338	3.418	3.736	3.737
上海	2.325	2.522	2.604	3.269	3.224	3.452	3.886	4.642	4.984	5.521	5.874
江苏	0.892	0.934	0.995	1.140	1.212	1.354	1.520	1.603	1.684	1.876	2.034
浙江	1.245	1.502	1.687	1.989	2.267	2.663	2.959	3.152	3.377	3.889	4.219
安徽	1.461	1.530	1.744	1.840	2.023	2.245	2.501	2.808	3.023	3.436	3.827
福建	2.411	2.690	2.895	3.157	3.365	3.578	4.009	4.231	4.518	5.094	5.688
江西	0.930	1.014	1.079	1.193	1.253	1.379	1.496	1.595	1.635	1.902	2.135
山东	1.312	1.400	1.557	1.652	1.764	2.128	2.328	2.502	2.618	2.893	3.130
河南	1.231	1.346	1.504	1.695	1.700	1.901	2.168	2.415	2.552	2.788	2.872
湖北	1.299	1.381	1.450	1.551	1.560	1.711	1.860	1.900	1.964	2.378	2.797
湖南	2.295	2.483	2.754	2.880	2.905	3.103	3.346	3.758	4.024	4.480	4.808
广东	2.172	2.369	2.698	3.050	3.287	3.513	3.684	3.844	3.894	4.396	4.697
广西	1.735	1.971	2.206	2.404	2.538	2.745	3.004	3.262	3.416	3.818	4.124
海南	1.347	1.451	1.601	1.688	1.935	2.074	2.122	2.355	2.352	2.702	3.190
重庆	1.773	1.983	2.220	2.523	2.746	3.041	3.305	3.692	4.065	4.748	5.295
四川	1.300	1.428	1.540	1.677	1.693	1.819	1.903	2.077	2.275	2.543	2.759
贵州	1.623	1.854	1.963	2.164	2.277	2.592	2.840	3.171	3.271	3.823	3.983
云南	1.785	1.935	2.059	2.090	2.050	2.113	2.383	2.502	2.718	3.008	3.149
陕西	1.506	1.698	1.887	1.998	2.135	2.280	2.432	2.835	3.163	3.636	3.858
甘肃	1.490	1.571	1.681	1.786	1.818	1.854	2.020	2.198	2.175	2.352	2.315
青海	1.303	1.537	1.557	1.549	1.564	1.652	1.863	1.937	2.056	2.181	2.235
宁夏	1.609	1.849	1.980	2.125	2.159	2.385	2.747	3.017	3.043	3.213	3.363
新疆	1.707	1.821	1.998	2.219	2.222	2.236	2.386	2.573	2.635	2.833	3.063
均值	1.646	1.805	1.974	2.175	2.300	2.498	2.731	2.979	3.189	3.547	3.827

为了进一步分析省级行政区层面人均人力资本水平测算结果的可靠性，本研究整理了罗植和赵安平（2014）一文中公开的部分省级行政区2007—2010年期间的人均人力资本水平，并与本书对应的省级行政区的值进行对比分析，整理结果详见表4-2。

从表4-2中的数据可以发现，本研究测算的大部分省级行政区的人均人力资本水平均值与罗植和赵安平（2014）一文的值较为接近。从数值的大小来看，罗植和赵安平（2014）一文的值略高一点。分地区来看，两者均值差值最大的是上海，其差值绝对值为8.320。其次是辽宁，其差值绝对值为3.074。再者是甘肃，其差值绝对值为2.882。两者均值差值在1之内的省级行政区共有12个，分别是贵州、内蒙古、河南、广西、广东、

福建、吉林、陕西、山东、湖南、山西和安徽，其差值绝对值依次为 0.181、
0.195、0.212、0.258、0.296、0.348、0.462、0.551、0.676、0.708、0.802
和 0.851。究其原因，可能是因为本研究在测算各地区历年人均人力资本
水平时所使用的物质资本存量数据的不同所造成的。对于物资资本存量数
据的估算，如前所述，本研究综合使用了徐现祥等（2007）一文和宗振利
和廖直东（2014）一文的研究思路，并在永续盘存法的基础上计算所得。
罗植和赵安平（2014）一文则是在张军等（2004）结果的基础上调整所得的。

表4-2　本研究与罗植和赵安平（2014）一文2007—2010年间人均人力资本水平比较

地区	2007—2010 年间均值		差值绝对值
	本研究	罗植和赵安平（2014）	
北京	8.683	10.524	1.840
天津	4.318	6.167	1.849
河北	1.773	3.536	1.762
山西	4.473	3.671	0.802
内蒙古	2.548	2.743	0.195
辽宁	3.405	6.479	3.074
吉林	2.692	3.153	0.462
黑龙江	3.557	4.867	1.310
上海	5.255	13.576	8.320
江苏	1.799	3.693	1.893
浙江	3.659	5.601	1.942
安徽	3.274	4.124	0.851
福建	4.883	5.231	0.348
江西	1.817	3.216	1.399
山东	2.786	3.462	0.676
河南	2.657	2.869	0.212
湖北	2.260	4.084	1.825
湖南	4.268	3.560	0.708
广东	4.208	4.504	0.296
广西	3.655	3.397	0.258
四川	2.414	3.984	1.571
贵州	3.562	3.743	0.181
云南	2.844	4.830	1.986
陕西	3.373	3.924	0.551
甘肃	2.260	5.142	2.882
青海	2.102	3.396	1.294
宁夏	3.159	4.576	1.417
新疆	2.776	3.794	1.018

从表 4-3 的数据可以发现，2011—2020 年期间各个省级行政区的人均人力资本水平整体上呈现出逐年上升的趋势，这同样可以从历年的人均人力资本水平均值中体现出来。2011 年 30 个样本省、自治区、直辖市的人均人力资本水平均值为 4.355，而到 2020 年该值则上升至 7.297，上升幅度为 67.54%。具体到各省级行政区来看，在 2011—2020 年期间，北京、天津、河北、山西、内蒙古、辽宁、吉林、黑龙江、江苏、安徽、福建、山东、河南、云南、甘肃、青海和新疆共 17 个省级行政区均呈现出不同程度的波动式上升态势。具体表现为，虽然北京在整个期间内人均人力资本水平实现了增长，但其 2020 年的人均人力资本水平均比前一年要低。天津人均人力资本水平出现下降的年份在 2014 年、2016 年、2017 年、2018 年和 2020 年。山西人均人力资本水平出现下降的年份在 2014 年、2015 年和 2016 年。辽宁人均人力资本水平出现下降的年份在 2014 年、2015 年、2016 年和 2017 年。吉林人均人力资本水平出现下降的年份在 2018 年和 2020 年。黑龙江人均人力资本水平出现下降的年份在 2014 年、2017 年、2018 年、2019 年和 2020 年。河南人均人力资本水平出现下降的年份在 2018 年和 2019 年。内蒙古、青海、江苏和河北的人均人力资本水平出现下降的年份依次是 2014—2017 年。新疆和山东的人均人力资本水平均在 2018 年出现了下降，而安徽、福建、云南和甘肃的人均人力资本水平则在 2019 年出现了下降。在 2011—2020 年期间增幅较大的有 5 个省级行政区，分别是四川、甘肃、贵州、江苏和广东，其上升幅度分别为 107.42%、111.83%、121.11%、123.95% 和 142.23%，均在 100% 以上。增幅较小的有 8 个省级行政区，分别是辽宁、黑龙江、天津、山西、内蒙古、吉林、河北和河南，其上升幅度分别为 11.47%、13.87%、21.95%、27.18%、35.97%、40.84%、41.88% 和 46.83%，均在 50% 以下。其他省级行政区的人均人力资本水平增幅均在 50% ~ 100% 之间。其中，高于均值增幅的省级行政区包括上海、安徽、江西、广西、海南、重庆、云南、陕西和宁夏共 9 个省级行政区，低于均值增幅的省级行政区则包括北京、浙江、福建、山东、湖北、湖南、青海和新疆共 8 个省级行政区。

从各省级行政区 2011—2020 年期间人均人力资本水平的均值来看，北京的值最高，为 14.712。其次是上海，其值为 10.542。天津、湖南、贵州、广东、福建和重庆 6 个省级行政区的值相对较高，分别为 7.066、7.291、7.791、8.978、9.635 和 9.675。河北、青海、甘肃、内蒙古、江西、江苏、吉林、河南、黑龙江、湖北、辽宁、宁夏、山东、四川和新疆 15 个省级行政区的值相对较低，分别为 2.755、3.317、3.871、4.009、4.133、4.155、4.266、4.285、4.442、4.498、4.564、4.663、4.808、4.904 和 4.926。其余省级行政区的值在 5 ~ 7 之间。从人均人力资本水平的绝对值来看，2011—2020 年期间天津、湖南、贵州、广东、福建、重庆、上海和北京共 8 个省级行政区的人均人力资本水平均在对应年份的均值之上，其值相对较高。与之相反，河北、青海、内蒙古、甘肃、辽宁、江西、江苏、河南、吉林、黑龙江、宁夏、湖北、四川、山东、新疆和海南共 16 个省级行政区的人均人力资本水平则均在对应年份的均值之下，其值相对较低。从全国范围来看，北京的人均人力资本水平依旧位于历年之首，上海、重庆、福建和广东等省级行政区的人均人力资本水平也较为靠前。

分三大经济地带来看，2011—2020 年期间东部经济地带人均人力资本水平的均值依次为 5.184、5.696、6.594、6.914、7.194、7.333、7.586、7.920、8.288 和 8.597。中部经济地带的人均人力资本水平的均值依次为 3.980、4.448、4.951、5.092、5.267、5.395、5.616、5.849、5.937 和 6.054。西部经济地带的人均人力资本水平的均值依次为 3.799、4.274、5.014、5.233、5.592、5.823、6.111、6.303、6.470 和 6.900。对比三组数据可以发现，三大经济地带 2011—2020 年期间人均人力资本水平的均值同样都呈现出逐年上升的趋势。与 2000—2010 年期间的人均人力资本水平均值类似，研究期间内每一年度的人均人力资本水平均值都是东部经济地带的值最高。但与前一时期不同的是，2011 年、2012 年和 2020 年的人均人力资本水平的均值中部经济地带居中，而西部经济地带的值最低，但是其余 7 个年份的人均人力资本水平均值均呈现出西部经济地带居中，而中部经济地带的值最低的现象。分析其原因，可能是因为西部经济地带的省级行政区在这一时期加大了对人力资本的投资。

表 4-3　2011—2020 年期间基于省级行政区层面的人均人力资本水平

	2011 年	2012 年	2013 年	2014 年	2015 年	2016 年	2017 年	2018 年	2019 年	2020 年
北京	10.960	11.985	12.606	13.437	14.266	14.888	15.953	16.888	18.159	17.976
天津	6.000	6.646	7.112	7.058	7.411	7.357	7.273	7.093	7.393	7.317
河北	2.175	2.455	2.558	2.649	2.865	2.960	2.797	2.955	3.055	3.085
山西	5.825	6.571	6.686	6.484	6.418	6.173	6.667	6.954	7.094	7.408
内蒙古	3.285	3.600	4.027	3.996	4.009	4.028	4.040	4.181	4.460	4.466
辽宁	4.159	4.391	5.060	4.891	4.764	4.447	4.355	4.411	4.521	4.636
吉林	3.151	3.510	4.266	4.333	4.491	4.630	4.654	4.577	4.607	4.438
黑龙江	3.830	4.266	4.516	4.484	4.649	4.664	4.635	4.568	4.448	4.362
上海	7.484	7.885	9.590	10.376	10.500	10.685	11.069	11.552	12.760	13.514
江苏	2.225	2.383	4.281	4.511	4.544	4.498	4.661	4.734	4.735	4.982
浙江	4.668	5.231	5.612	5.916	6.022	6.210	6.475	6.547	6.848	7.573
安徽	4.495	5.106	5.943	5.992	6.125	6.257	6.636	8.245	8.099	8.380
福建	7.189	8.411	8.672	9.193	9.523	9.802	10.278	11.350	10.931	10.997
江西	2.602	3.174	3.731	3.976	4.320	4.469	4.583	4.644	4.848	4.977
山东	3.477	3.857	4.685	4.835	5.045	5.155	5.277	5.126	5.134	5.485
河南	3.207	3.503	3.907	4.200	4.370	4.602	4.927	4.715	4.706	4.709
湖北	3.223	3.386	3.992	4.404	4.623	4.880	5.007	5.104	5.154	5.205
湖南	5.503	6.064	6.567	6.859	7.139	7.488	7.816	7.984	8.539	8.956
广东	5.144	5.648	7.950	8.450	8.873	9.303	9.776	10.619	11.558	12.459
广西	4.187	4.477	5.390	5.586	6.421	6.650	6.977	7.171	7.534	8.034
海南	3.545	3.769	4.408	4.740	5.316	5.359	5.533	5.847	6.074	6.536
重庆	6.677	7.428	8.825	9.623	10.061	10.299	10.547	10.885	10.915	11.489
四川	3.060	3.421	4.667	4.687	4.995	5.106	5.329	5.673	5.757	6.348
贵州	4.630	5.519	6.593	7.130	7.834	8.455	8.924	9.115	9.474	10.238
云南	3.611	4.147	4.746	4.764	5.188	5.864	6.610	7.001	6.791	6.862
陕西	4.250	4.709	5.799	5.943	6.168	6.402	6.676	6.829	7.126	7.228
甘肃	2.322	2.749	3.486	3.718	4.006	4.166	4.378	4.485	4.479	4.919
青海	2.600	2.788	2.953	3.050	3.034	3.170	3.504	3.747	3.986	4.343
宁夏	3.548	4.086	4.244	4.419	4.682	4.720	4.829	4.946	5.159	5.996
新疆	3.621	4.094	4.422	4.646	5.111	5.191	5.405	5.302	5.487	5.977
均值	4.355	4.842	5.576	5.812	6.092	6.263	6.520	6.775	6.994	7.297

（2）城市层面人力资本水平分析

如前所述，根据朱平芳和徐大丰（2007）的方法测算长三角城市群、珠三角城市群、京津冀城市群、长江中游城市群、成渝城市群这五大城市群层面 2000—2020 年期间各个城市历年的人力资本水平。根据公式（4-1）、公式（4-2）和公式（4-3），测算各城市历年人力资本水平需要收集或利用已有数据估算各城市历年总收入、劳动力工资水平、就业人数、人均物质资本存量这四类数据。在这些数据中，考虑到数据的可获得性，劳动者工资水平取自历年《中国城市统计年鉴》中的"劳动工资"以及"在岗职工人数及工资状况"一项中的"在岗职工平均工资"，个别缺失值用线性插值法补充完整。由于《中国城市统计年鉴》以及各个城市年鉴中的历年就业人数数据缺失较多，如果采取各城市历年"年末单位从业人员"与"城镇私营和个体从业人员"两者之和或以"在岗职工平均人数"作为替代，其数据与本部分实际需要的数据存在较大差异，势必会影响到人力资本水平的测算结果。鉴于此，本部分在测算城市层面的人力资本水平时待估系数的值借鉴罗植和赵安平（2014）一文的方法，直接取 0.35，而不再采用公式（4-3）进行测算。在计算效率工资水平时涉及人均物质资本存量的估算，此处采用永续盘存法。需要说明的是，由于长江中游城市群中的仙桃、潜江和天门三个市属于湖北省直辖县级市或直管市，测算物质资本存量所需要的相关数据不易获得，因此，本部分长江中游城市群所涉及的城市剔除了这三个城市。根据上述数据说明以及公式（4-1）和公式（4-2），基于城市层面的五大城市群人力资本水平测算结果如下表 4-4 至表 4-13 所示。

从表 4-4 的数据可以发现，2000—2010 年期间长三角城市群各个城市的人均人力资本水平整体上呈现出逐年上升的趋势，这从历年的人均人力资本水平均值可以体现出来。2000 年长三角城市群 26 个样本城市的人均人力资本水平均值为 18.907，而到 2010 年该值则上升至 60.595，上升幅度为 220.49%。具体到各城市看，2000—2010 年期间共有 18 个城市均呈现出不同程度的波动式上升的态势。具体表现为这些城市虽然整个期间内其人均人力资本水平实现了增长，但其人均人力资本水平在不同的特定年份表现出比前一年份要低的现象。上海人均人力资本水平出现下降的年份是 2002—2004 年。无锡人均人力资本水平出现下降的年份是 2001 年、2004—2008 年。苏州人均人力资本水平出现下降的年份是 2003—2004 年。盐城人均人力资本水平出现下降的年份是 2003—2005 年。舟山人均人力资本水平出现下降的年份是 2003 年、2005 年和 2006 年。合肥人均人力资本水平出现下降的年份是 2006 年、2008—2010 年。芜湖人均人力资本水平出现下降的年份是 2005 年和 2009 年。马鞍山人均人力资本水平出现下降的年份是 2004—2006 年、2009 年和 2010 年。安庆人均人力资本水平出现下降的年份是 2004、2007 年和 2010 年。滁州人均人力资本水平出现下降的年份是 2001 年和 2009 年。池州人均人力资本水平出现下降的年份是 2005 年和 2008 年。镇江、铜陵和宣城人均人力资本水平出现下降的年份都是 2009 年。南通、金华、台州和宁波人均人力资本水平出现下降的年份分别是 2003 年、2005 年、2006 年和 2010 年。2000—2010 年期间增幅较大的 4 个城市分别是湖州、嘉兴、绍兴和杭州，其上升幅度分别为 330.88%、367.77%、417.12% 和 518.16%，均在 300% 以上。增幅较小的 2 个城市分别是马鞍山和滁州，其上升幅度分别为 42.45% 和 94.34%，均在 100% 以下。其余城市人均人力资本水平的增幅均在 100 ~ 300% 之间。其中，高于均值增幅的城市包括无锡、苏州、南京、台州、常州、宣城、镇江、宁波、泰州、金华和上海共 11 个城市，低于均值增幅的城市则包含南通、盐城、扬州、舟山、合肥、芜湖、铜陵、安庆和池州共 9 个城市。

从长三角城市群各城市 2000—2010 年期间人均人力资本水平的均值来看，常州、苏州、金华、杭州和上海 5 个城市的值相对较高，分别为 50.04、52.27、55.39、58.03 和 62.88。宣城、芜湖、合肥和嘉兴 4 个城市的值相对较低，分别为 25.39、26.88、28.73 和 29.49。其余城市的值在 30 ~ 50 之间。从人均人力资本水平的绝对值来看，2000—2010 年期间台州、宁波、苏州、南京、常州、金华、杭州和上海共 8 个城市的人均人力资本水平均在对应年份的均值之上，其值相对较高。与之相反，宣城、芜湖、池州、嘉兴、南通、盐城、泰州、镇江和扬州共 9 个城市的人均人力资本水平则均在对应年份的均值之下，其值相对较低。

表4-4　2000—2010年期间长三角城市群各城市人均人力资本水平

长三角	2000年	2001年	2002年	2003年	2004年	2005年	2006年	2007年	2008年	2009年	2010年
上海	31.340	40.074	33.910	43.736	37.921	48.543	58.168	74.967	91.853	106.163	125.032
南京	23.540	26.794	40.220	44.002	45.669	49.391	51.980	56.299	64.137	72.226	78.500
无锡	23.982	23.885	30.631	37.610	36.930	42.728	46.193	53.518	37.724	68.617	79.100
常州	22.273	26.545	41.166	41.719	45.444	48.811	54.409	57.868	66.049	69.164	74.604
苏州	24.350	26.185	39.461	38.889	37.983	39.974	44.958	54.883	60.982	68.194	80.451
南通	19.802	21.320	26.578	24.459	25.660	27.048	30.962	34.977	38.405	40.705	43.693
盐城	20.236	23.155	29.724	27.265	26.890	26.636	26.843	32.344	36.328	41.669	44.453
扬州	19.291	20.456	26.525	28.654	30.058	33.930	37.212	43.473	45.404	51.287	56.249
镇江	15.776	17.895	23.313	24.466	27.778	29.943	33.978	38.880	44.408	44.088	56.198
泰州	12.301	14.096	17.379	18.632	20.475	22.979	26.086	31.734	37.821	42.468	46.171
杭州	16.577	23.787	29.718	35.569	43.456	45.181	54.434	67.700	78.193	87.882	102.471
宁波	20.314	25.862	30.670	36.638	38.465	38.956	43.036	49.525	58.966	88.934	73.025
嘉兴	9.105	12.577	16.661	20.736	23.950	25.053	28.721	32.430	36.713	39.907	42.590
湖州	12.266	15.194	20.879	23.525	26.177	28.186	35.095	38.008	50.624	50.64	52.852
绍兴	11.864	16.959	28.051	29.592	32.549	36.079	38.347	46.521	50.248	53.176	61.351
金华	25.425	34.124	41.626	43.806	47.926	46.838	61.598	72.804	73.802	84.429	101.274
舟山	18.256	25.080	28.627	28.375	43.693	33.310	32.992	40.275	45.914	46.907	47.567
台州	21.580	35.047	43.983	49.507	54.470	64.387	51.831	56.153	58.672	64.494	72.164
合肥	14.383	16.163	24.032	27.631	29.899	48.646	29.143	44.918	43.518	42.872	40.657
芜湖	15.053	16.001	19.365	22.396	24.876	24.684	26.685	26.933	40.527	38.698	45.996
马鞍山	25.751	33.770	36.952	44.929	37.693	37.041	34.280	37.820	41.607	36.705	36.682
铜陵	18.004	18.780	23.564	25.532	30.426	31.823	38.946	45.975	50.750	33.863	42.763
安庆	16.382	19.241	23.218	37.880	26.392	44.997	49.494	33.508	34.086	50.372	39.927
滁州	23.513	19.659	23.265	25.219	25.740	27.853	29.577	48.660	50.488	45.459	45.694
池州	18.138	20.779	23.633	24.740	26.025	25.283	28.127	38.817	37.253	39.062	44.577
宣城	12.081	15.864	18.661	19.626	23.547	25.762	27.483	28.671	30.604	26.485	41.434
均值	18.907	22.665	28.531	31.736	33.465	36.695	39.253	45.679	50.195	55.172	60.595

从表 4-5 的数据可以发现，与前一时期类似，2011—2020 年期间长三角城市群各个城市的人均人力资本水平整体上也呈现出逐年上升的趋势，这从历年的人均人力资本水平均值可以体现出来。2011 年长三角城市群 26 个样本城市的人均人力资本水平均值为 70.928，而到 2020 年该值则上升至 151.325，上升幅度为 113.35%。具体到各城市看，2011—2020 年期间只有 5 个城市的人均人力资本水平呈现出逐年上升的趋势，其余城市都表现出了不同程度的波动式上升的态势。具体表现为虽然研究期间内这些城市的人均人力资本水平实现了增长，但其在不同的特定年份表现出比前一年份要低的现象。南通人均人力资本水平出现下降的年份是 2015 年、2016 年和 2019 年。盐城人均人力资本水平出现下降的年份是 2014 年和 2019 年。扬州人均人力资本水平出现下降的年份是 2016—2018 年。泰州人均人力资本水平出现下降的年份是 2015 年、2016 年、2018 年和 2020 年。杭州人均人力资本水平出现下降的年份是 2012 年、2016 年和 2019 年。宁波人均人力资本水平出现下降的年份是 2015 年和 2020 年。绍兴人均人力资本水平出现下降的年份是 2016 年、2017 年和 2019 年。金华人均人力资本水平出现下降的年份是 2018 年和 2019 年。舟山人均人力资本水平出现下降的年份是 2013 年、2015—2018 年以及 2020 年。台州人均人力资本水平出现下降的年份是 2015 年和 2020 年。合肥人均人力资本水平出现下降的年份是 2014 年和 2016 年。芜湖人均人力资本水平出现下降的年份是 2012 年、2014 年和 2017 年。马鞍山人均人力资本水平出现下降的年份是 2012 年、2015—2017 年以及 2020 年。铜陵人均人力资本水平出现下降的年份是 2015 年、2018 年和 2020 年。安庆人均人力资本水平出现下降的年份是 2012 年、2015—2016 年以及 2020 年。滁州人均人力资本水平出现下降的年份是 2016 年、2018 年和 2019 年。池州人均人力资本水平出现下降的年份是 2012 年、2018 年和 2020 年。宣城人均人力资本水平出现下降的年份是 2012 年、2014—2015 年、2018 年和 2020 年。常州和镇江人均人力资本水平出现下降的年份均是 2014 年，而湖州人均人力资本水平出现下降的年份是 2016 年。从 2011 年和 2020 年两个年份来看，宣城的人均人力资本水平出现了下降。2011 年宣城的人均人力资本水平为 80.962，2020 年的值则下降至 60.661，下降幅度为 25.08%。长三角城市群内其余城市 2020 年的人均人力资本水平均要高于 2011 年的值。其中，增幅较小的有芜湖、舟山、滁州、铜陵、马鞍山、绍兴、池州、扬州、台州、盐城、泰州、安庆、镇江和合肥共 14 个城市，其值分别为 8.04%、9.14%、15.83%、27.65%、54.13%、54.41%、56.01%、56.75%、57.71%、60.53%、75.92%、80.01%、80.96% 和 81.57%，均在 100% 以下。增幅较大的 3 个城市分别是苏州、南京和上海，其上升幅度分别为 204.09%、243.10% 和 292.77%，均在 200% 以上。其余城市人均人力资本水平的增幅均在 100%～200% 之间。其中，高于均值增幅的城市包括金华、南通、杭州、宁波、嘉兴和湖州共 6 个城市，低于均值增幅的城市则包含常州和无锡共 2 个城市。

从长三角城市群各城市 2011—2020 年期间人均人力资本水平的均值来看，上海的值是最高的，为 345.18。马鞍山、铜陵、芜湖、安庆、池州、盐城、滁州、宣城、舟山、合肥、镇江、泰州、嘉兴、南通和扬州 15 个城市的值相对较低，分别为 48.52、49.79、50.14、53.83、62.56、66.68、69.26、70.40、73.35、80.40、85.73、87.94、89.77、94.87 和 97.24。其余城市的值在 100.58～215.37 之间。从人均人力资本水平的绝对值来看，2011—2020 年期间无锡、常州、宁波、杭州、苏州、南京、金华和上海共 8 个城市的人均人力资本水平均在对应年份的均值之上，其值相对较高。与之相反，安庆、马鞍山、芜湖、铜陵、池州、盐城、滁州、合肥、镇江和嘉兴共 10 个城市的人均人力资本水平则均在对应年份的均值之下，其值相对较低。

表 4-5　2011—2020 年期间长三角城市群各城市人均人力资本水平

长三角	2011 年	2012 年	2013 年	2014 年	2015 年	2016 年	2017 年	2018 年	2019 年	2020 年
上海	155.742	174.615	222.888	253.226	291.763	349.125	397.922	440.126	554.687	611.713
南京	88.500	101.443	124.154	152.349	159.982	200.808	237.616	257.268	287.928	303.647
无锡	82.591	86.652	103.533	110.863	118.277	135.424	141.430	143.354	148.972	175.343
常州	84.006	89.185	139.808	113.213	113.338	130.029	135.348	145.074	159.864	171.328
苏州	90.677	96.260	132.751	146.942	155.679	174.830	204.092	226.613	258.433	275.741
南通	48.380	50.177	102.647	114.184	104.117	103.938	107.820	110.853	101.401	105.213
盐城	48.773	54.056	67.000	62.297	65.673	67.625	71.029	76.980	75.103	78.297
扬州	61.561	63.486	102.282	113.112	118.934	112.252	110.882	90.235	103.114	96.493
镇江	65.108	67.806	78.220	75.169	76.664	79.652	87.374	103.988	105.494	117.817
泰州	52.714	58.049	86.684	101.452	101.176	99.082	101.043	81.579	104.933	92.736
杭州	121.626	117.048	132.838	145.051	153.204	144.003	160.139	243.046	239.745	274.363
宁波	90.251	108.200	115.035	124.485	121.082	128.920	183.022	208.645	234.974	218.339
嘉兴	50.187	52.721	64.359	72.463	80.679	89.146	104.989	117.662	131.374	134.158
湖州	64.046	79.590	84.107	91.136	94.015	93.706	111.746	165.285	172.417	184.223
绍兴	73.015	83.688	91.224	102.386	109.457	107.719	105.986	110.406	109.218	112.743
金华	113.991	141.482	165.857	172.288	254.132	271.011	287.507	276.570	227.078	243.741
舟山	55.929	58.388	57.803	100.929	99.778	97.464	73.696	61.822	66.608	61.040
台州	81.843	94.645	101.006	107.848	104.787	105.342	122.650	124.505	132.036	129.072
合肥	57.691	61.862	70.665	69.759	78.859	77.341	87.329	93.418	102.357	104.749
芜湖	50.190	48.656	55.083	37.173	48.793	50.357	50.031	53.370	53.499	54.228
马鞍山	36.927	35.159	47.458	52.889	49.493	47.332	46.162	48.756	64.156	56.916
铜陵	43.967	44.486	45.584	49.669	44.959	50.642	54.791	46.834	60.802	56.126
安庆	42.011	41.925	44.879	45.617	44.898	42.520	51.303	71.454	78.109	75.624
滁州	52.827	60.763	73.719	80.305	83.797	75.295	78.367	71.022	55.282	61.190
池州	50.606	40.343	53.652	56.400	57.891	62.722	71.848	55.966	97.227	78.950
宣城	80.962	72.351	110.660	57.082	53.119	65.509	83.356	57.598	62.667	60.661
均值	70.928	76.271	95.150	100.319	107.098	113.915	125.672	133.940	145.672	151.325

从表 4-6 的数据可以发现，2000—2010 年期间珠三角城市群 9 个城市的人均人力资本水平整体上呈现出逐年上升的趋势，这从历年的人均人力资本水平均值可以体现出来。2000 年珠三角城市群 9 个样本城市的人均人力资本水平均值为 18.878，与长三角城市群同年度的人均人力资本水平均值十分接近。而到 2010 年该值则上升至 90.001，上升幅度为 376.75%。具体到各城市看，2000—2010 年期间有 5 个城市的人均人力资本水平均呈现出了不同程度的波动式上升的态势。具体表现为虽然研究期间内珠三角的这 5 个城市 2010 年的人均人力资本水平要高于 2000 年的值，但其在这一

期间不同的特定年份则表现出比前一年份要低的现象。中山、东莞和肇庆人均人力资本水平出现下降的年份分别是 2001 年、2009 年和 2010 年。珠海人均人力资本水平出现下降的年份是 2001 年和 2003 年。佛山人均人力资本水平出现下降的年份则是 2004 年、2006 年和 2009 年。2000—2010 年期间增幅最大的城市是江门，其上升幅度为 788.90%。其次是深圳，增幅为 683.76%。增幅较小的 2 个城市分别是珠海和佛山，其上升幅度分别为 144.16% 和 287.72%，均在 300% 以下。其余城市人均人力资本水平的增幅均在 300% ~ 500% 之间。其中，高于均值增幅的城市包括东莞和惠州，低于均值增幅的城市则包含广州、肇庆和中山共 3 个城市。

从珠三角城市群各城市 2000—2010 年期间人均人力资本水平的均值来看，深圳的最高，为 87.30。其次是广州，为 70.32。肇庆、东莞和江门 3 个城市的值相对较低，分别为 27.22、35.12 和 35.14。其余城市的值在 40 ~ 70 之间。从人均人力资本水平的绝对值来看，2000—2010 年期间广州和深圳 2 个城市的人均人力资本水平均在对应年份的均值之上，其值相对较高。与之相反，肇庆和东莞 2 个城市的人均人力资本水平则均在对应年份的均值之下，其值相对较低。

表 4-6　2000—2010 年期间珠三角城市群各城市人均人力资本水平

珠三角	2000 年	2001 年	2002 年	2003 年	2004 年	2005 年	2006 年	2007 年	2008 年	2009 年	2010 年
广州	27.138	30.755	43.877	52.104	61.250	68.436	74.796	88.010	102.044	107.079	118.029
佛山	11.780	12.833	18.231	44.560	41.395	57.091	47.815	62.025	66.466	41.129	45.674
肇庆	9.351	10.305	14.948	18.280	21.123	24.004	25.003	28.988	32.934	75.733	38.710
深圳	22.148	26.231	43.878	54.110	63.037	79.275	99.549	114.814	134.912	148.807	173.587
东莞	9.910	11.620	19.129	23.009	24.279	28.350	41.134	51.252	60.500	58.164	58.940
惠州	16.573	19.541	26.599	29.809	31.628	38.449	49.183	62.731	70.172	72.229	80.796
珠海	36.490	34.682	64.640	63.615	65.718	74.377	79.499	81.951	84.694	85.133	89.093
中山	24.802	17.435	34.359	39.473	55.572	55.924	63.125	71.348	90.546	91.472	101.079
江门	11.714	12.030	15.778	18.283	21.143	27.726	31.073	39.182	43.599	61.966	104.099
均值	18.878	19.492	31.271	38.138	42.794	50.404	56.798	66.700	76.207	82.412	90.001

从表 4-7 的数据可以发现，2013 年珠三角城市群各个城市的人均人力资本水平均值为 143.242，而 2014 年该值则为 136.266，出现了下降趋势，下降幅度为 4.87%。究其原因，是由于广州和江门两个城市的人均人力资本水平在这一时期出现了下降。其中，广州的人均人力资本水平由 2013 年的 172.845 下降至 2014 年的 122.824，下降幅度为 28.94%。江门的人均人力资本水平则由 2013 年的 82.057 下降至 2014 年的 54.812，下降幅度为 33.20%。除此之外，2011—2020 年期间珠三角城市群各个城市的人均人力资本水平整体上呈现出逐年上升的趋势，这从历年的人均人力资本水平均值可以体现出来。2011 年珠三角城市群 9 个样本城市的人均人力资本水平均值为 100.493，而到 2020 年该值则上升至 249.717，上升幅度为 148.49%。具体到各城市看，2011—2020 年期间除了东莞之外，珠三角城市群其余 8 个城市的人均人力资本水平都呈现出了不同程度的波动式上升的态势。具体表现为虽然研究期间内珠三角城市群的这 8 个城市 2020 年的人均人力资本水平要高于 2011 年的值，但其在这一期间不同的特定年份则表现出比前一年份要低的现象。中山和惠州人均人力资本水平出现下降的年份分别是 2017 年和 2020 年。珠海、佛山人均人力资本水平出现下降的年份均是 2015 年和 2016 年。江门和广州人均人力资本水平出现下降的年份则都是 2013 年和 2014 年。深圳人均人力资本水平下降的年份是 2014 年和 2020 年。肇庆人均人力资本水平下降的年份相对较多，包括 2015 年、2016 年、2018 年和 2020 年。2011—2020 年期间增幅最大的是东莞，其上升幅度高达 568.79%。增幅较小的 3 个城市分别是珠海、惠州和江门，其上升幅度分别为 43.94%、58.61% 和 83.90%，均在 100% 以下。其余城市人均人力资本水平的增幅均在 100 ~ 200% 之间。其中，高于均值增幅的城市是深圳，其值为 177.18%。低于均值增幅的城市则包含中山、广州、佛山和肇庆共 4 个城市。

从珠三角城市群各城市 2011—2020 年期间人均人力资本水平的均值

来看，广州、东莞和深圳 3 个城市的值相对较高，分别为 216.41、234.92
和 393.07，均在 200 以上。而肇庆和佛山 2 个城市的值相对较低，分别为
70.53 和 99.58，均在 100 以下。其余城市的值在 100 ~ 200 之间。从人均
人力资本水平的绝对值来看，2011—2020 年期间每一年份均是深圳的值最
高。而肇庆、江门和佛山 3 个城市的人均人力资本水平则相对较低，每一
年份均在该年度的均值之下。

表 4-7　2011—2020 年期间珠三角城市群各城市人均人力资本水平

珠三角	2011 年	2012 年	2013 年	2014 年	2015 年	2016 年	2017 年	2018 年	2019 年	2020 年
广州	137.755	206.627	172.845	122.824	187.337	201.281	224.296	265.571	310.796	334.805
佛山	52.532	59.098	96.669	109.595	107.880	102.656	107.671	117.808	117.949	123.980
肇庆	42.368	45.878	55.580	67.915	65.981	63.177	83.944	75.864	102.764	101.851
深圳	205.158	223.675	387.920	335.594	358.579	382.037	403.877	464.336	600.904	568.665
东莞	62.999	78.527	129.325	143.633	212.441	223.393	303.013	381.194	393.311	421.332
惠州	101.459	108.948	112.600	122.762	124.017	129.246	134.693	141.178	163.301	160.920
珠海	102.802	108.017	115.967	123.172	122.927	122.657	124.242	129.266	139.190	147.969
中山	119.117	131.951	136.216	146.085	149.477	157.522	154.905	163.650	228.857	240.348
江门	80.250	102.907	82.057	54.812	97.428	106.777	109.188	131.499	142.858	147.582
均值	100.493	118.403	143.242	136.266	158.452	165.416	182.870	207.818	244.437	249.717

从表 4-8 的数据可以发现，2000—2010 年期间京津冀城市群各个城
市的人均人力资本水平整体上呈现出逐年上升的趋势，这从历年的人均人
力资本水平均值可以体现出来。2000 年京津冀城市群 13 个样本城市的人
均人力资本水平均值为 15.393，而到 2010 年该值则上升至 48.887，上升
幅度为 217.59%。具体到各城市看，2000—2010 年期间除了邯郸之外，京
津冀城市群其余 12 个城市的人均人力资本水平都呈现出了不同程度的波
动式上升的态势。具体表现为虽然研究期间内京津冀城市群的这 12 个城
市 2010 年的人均人力资本水平要高于 2000 年的值，但其在这一期间不同
的特定年份则表现出比前一年份要低的现象。石家庄、保定、北京和秦皇
岛人均人力资本水平出现下降的年份分别是 2001 年、2005 年、2006 年和
2010 年。廊坊和张家口人均人力资本水平出现下降的年份均是 2009 年。

承德人均人力资本水平下降的年份最多，包括 2001 年、2004—2006 年、2009 年和 2010 年。邢台、沧州和唐山人均人力资本水平下降的年份都有 3 个。其中，邢台人均人力资本水平下降的年份为 2002 年、2005 年和 2010 年。沧州人均人力资本水平下降的年份为 2001 年、2004 年和 2010 年。唐山人均人力资本水平下降的年份为 2003 年、2009 年和 2010 年。天津和衡水人均人力资本水平下降的年份都是 2 个。其中，天津人均人力资本水平下降的年份为 2005 年和 2009 年，衡水人均人力资本水平下降的年份为 2003 年和 2005 年。2000—2010 年期间增幅较大的 4 个城市分别是邯郸、天津、廊坊和北京，其上升幅度分别为 347.73%、366.67%、448.00% 和 525.39%，均在 300% 以上。增幅较小的 2 个城市分别是承德和石家庄，其上升幅度分别为 43.34% 和 62.43%，均在 100% 以下。其余城市人均人力资本水平的增幅均在 100% ~ 300% 之间。其中，高于均值增幅的城市是衡水，其值为 239.89%。低于均值增幅的城市则包含保定、沧州、唐山、邢台、秦皇岛和张家口共 6 个城市，其值分别为 111.07%、112.00%、124.46%、127.23%、137.53% 和 173.08%，均在 100% ~ 200% 之间。

从京津冀城市群各城市 2000—2010 年期间人均人力资本水平的均值来看，北京的值最高，为 95.32。石家庄、邯郸和廊坊 3 个城市的值相对较低，分别为 17.49、19.17 和 19.96。其余包括天津、张家口、秦皇岛、唐山、保定、邢台、衡水、沧州和承德在内的 9 个城市的值均在 20 ~ 50 之间。从人均人力资本水平的绝对值来看，2000—2010 年期间北京、天津和秦皇岛共 3 个城市的人均人力资本水平均在对应年份的均值之上，其值相对较高。尤其是北京，其每一年份的人均人力资本水平均位于京津冀城市群各城市之首。与之相反，衡水、石家庄、保定、邯郸、廊坊和邢台共 6 个城市的人均人力资本水平则均在对应年份的均值之下，其值相对较低。

表 4-8　2000—2010 年期间京津冀城市群各城市人均人力资本水平

京津冀	2000年	2001年	2002年	2003年	2004年	2005年	2006年	2007年	2008年	2009年	2010年
北京	28.802	36.218	45.615	55.781	89.314	105.396	86.332	113.919	150.809	156.229	180.126
天津	15.833	18.485	24.163	32.456	39.180	37.167	49.164	61.538	69.591	67.983	73.886
石家庄	13.944	13.631	15.305	15.963	16.322	16.928	17.196	18.773	20.024	21.675	22.648
张家口	15.738	18.019	20.855	24.403	29.198	30.536	33.507	38.912	45.374	42.933	42.977
秦皇岛	21.035	23.284	28.705	31.129	37.436	38.351	40.425	43.213	51.785	53.435	49.965
唐山	16.042	17.839	19.447	18.882	25.451	28.887	30.116	32.781	39.298	39.133	36.007
保定	14.483	14.722	17.606	18.031	19.607	19.139	20.698	24.474	28.888	30.052	30.568
廊坊	6.747	7.820	9.620	15.786	17.379	19.584	21.312	24.770	30.381	29.180	36.973
邢台	13.365	15.219	15.118	17.416	24.153	20.899	21.558	24.443	29.630	31.021	30.370
邯郸	7.322	8.210	9.733	10.343	17.337	19.489	21.054	23.583	30.025	30.966	32.785
衡水	10.838	11.242	11.515	11.486	16.805	16.731	17.652	22.804	30.213	34.261	36.837
沧州	15.787	13.122	18.153	22.109	19.438	26.909	28.532	31.423	36.044	48.722	33.470
承德	20.175	18.680	21.251	25.547	24.563	22.508	21.166	25.599	31.420	30.153	28.919
均值	15.393	16.653	19.776	23.025	28.937	30.963	31.439	37.403	45.652	47.365	48.887

从表 4-9 的数据可以发现，2015 年京津冀城市群各个城市的人均人力资本水平均值为 74.740，而 2016 年该值则为 69.082，出现了下降趋势，下降幅度为 7.57%。究其原因，是由于北京、张家口、唐山、邢台、邯郸、衡水和沧州这几个城市的人均人力资本水平在这一时期出现了下降。其中，北京的人均人力资本水平由 2015 年的 418.032 下降至 2016 年的 307.779，下降幅度为 26.37%。张家口的人均人力资本水平则由 2015 年的 48.185 下降至 2016 年的 47.972，下降幅度为 0.44%。唐山的人均人力资本水平则由 2015 年的 36.369 下降至 2016 年的 35.512，下降幅度为 2.36%。邢台的人均人力资本水平则由 2015 年的 42.901 下降至 2016 年的 42.559，下降幅度为 0.80%。邯郸的人均人力资本水平则由 2015 年的 49.304 下降至 2016 年的 49.033，下降幅度为 0.55%。衡水的人均人力资本水平则由 2015 年的 40.530 下降至 2016 年的 38.738，下降幅度为 4.42%。沧州的人均人力资本水平则由 2015 年的 36.319 下降至 2016 年的 34.483，下降幅度为 5.06%。除此之外，2011—2020 年期间京津冀城市群各个城市的人均人力资本水平整体上呈现出逐年上升的趋势，这从历年的人均人力资本水平均值可以体现出来。2011 年京津冀城市群 13 个样本城市的人均人力资本水平均值为 51.894，而到 2020 年该值则上升至 101.669，上升幅度为 95.92%。具体到各城市看，2011—2020 年期间京津冀城市群全部 13 个城市均呈现出不同程度的波动式上升的态势。具体表现为虽然天津整个期间内其人均人力资本水平实现了增长，但其 2013 年、2015 年和 2018 年的人均人力资本水平均比前一年份要低。北京人均人力资本水平出现下降的年份在 2016 年。石家庄人均人力资本水平出现下降的年份在 2018 年和 2020 年。张家口人均人力资本水平出现下降的年份在 2012 年、2013 年、2016 年、2017 年和 2020 年。秦皇岛人均人力资本水平出现下降的年份在 2013 年和 2020 年。唐山人均人力资本水平出现下降的年份在 2013 年、2014 年、2016 年、2017 年和 2020 年。保定人均人力资本水平出现下降的年份在 2017 年和

2020 年。廊坊人均人力资本水平出现下降的年份在 2018 年和 2020 年。邢台人均人力资本水平出现下降的年份在 2013 年、2014 年、2016 年和 2020 年。邯郸人均人力资本水平出现下降的年份在 2012 年、2014 年、2016 年、2017 年、2018 年和 2020 年。衡水人均人力资本水平出现下降的年份出现在 2015 年、2016 年和 2020 年。沧州的人均人力资本水平出现下降的年份在 2013 年、2016 年、2018 年和 2020 年。承德人均人力资本水平出现下降的年份在 2012 年、2014 年和 2020 年。2011—2020 年期间北京的人均人力资本水平增幅最大，其值为 212.79%。增幅较小的城市包含了邯郸、唐山、沧州、邢台、张家口、衡水和天津共 7 个，其上升幅度分别为 1.94%、10.35%、17.97%、35.75%、36.51%、37.00% 和 38.35%，均在 50% 以下。其余城市人均人力资本水平的增幅均在 50 ~ 150% 之间。其中，高于均值增幅的城市包括了保定、秦皇岛和石家庄，其值分别为 104.96%、121.77% 和 148.39%，均在 100% 之上。低于均值增幅的城市则是廊坊和承德，其值分别为 55.59% 和 58.71%，均在 100% 以下。

从京津冀城市群各城市 2011—2020 年期间人均人力资本水平的均值来看，与前一个时期类似，北京的值最高，为 374.39。承德、唐山、沧州、石家庄、邯郸、邢台、张家口和衡水共 8 个城市的值相对较低，分别为 36.32、37.25、38.35、41.50、41.95、45.25、48.81 和 49.74。其余包括天津、秦皇岛、保定和廊坊在内的 4 个城市的值均在 50 ~ 100 之间。从人均人力资本水平的绝对值来看，2011—2020 年期间北京的每一年份的人均人力资本水平均位于京津冀城市群各城市之首，也是唯一一个每年都高于对应年份均值的城市。与之相反，邯郸、沧州、唐山、承德、石家庄、邢台、衡水、张家口和保定共 9 个城市的人均人力资本水平则均在对应年份的均值之下，其值相对较低。

表 4-9　2011—2020 年期间京津冀城市群各城市人均人力资本水平

京津冀	2011 年	2012 年	2013 年	2014 年	2015 年	2016 年	2017 年	2018 年	2019 年	2020 年
北京	183.675	248.163	302.598	365.378	418.032	307.779	332.879	494.858	516.050	574.513
天津	79.485	91.215	74.945	77.480	65.939	88.003	94.206	78.191	94.245	109.967
石家庄	23.629	24.743	26.804	30.521	33.635	46.422	58.692	42.859	69.032	58.693
张家口	43.404	41.656	39.561	41.755	48.185	47.972	46.469	53.377	66.488	59.252
秦皇岛	46.141	56.105	55.172	56.705	58.145	58.812	78.954	83.020	109.673	102.326
唐山	36.811	39.410	36.689	34.020	36.369	35.512	31.045	33.897	48.102	40.621
保定	35.973	41.076	44.691	45.871	50.398	53.992	52.579	63.354	81.394	73.729
廊坊	40.728	46.304	46.810	56.700	58.589	60.945	99.547	50.676	84.157	63.369
邢台	38.151	43.242	42.642	40.453	42.901	42.559	46.071	48.536	56.201	51.789
邯郸	37.499	36.934	49.456	46.641	49.304	49.033	35.071	30.848	46.504	38.225
衡水	42.997	45.042	46.947	59.961	40.530	38.738	47.503	51.496	65.265	58.906
沧州	35.947	36.979	34.803	34.814	36.319	34.483	39.409	32.824	55.527	42.406
承德	30.176	26.920	34.020	32.280	33.278	33.814	35.358	39.175	50.254	47.894
均值	51.894	59.830	64.241	70.968	74.740	69.082	76.752	84.855	103.299	101.669

从表 4-10 的数据可以发现，2003 年长江中游城市群各个城市的人均人力资本水平均值为 31.310，而 2004 年该值则为 31.050，出现了下降趋势，下降幅度为 0.83%。同时，2007—2009 年期间的值依次是 41.717、41.530 和 39.917，出现了逐年下降的趋势，下降幅度分别为 0.45% 和 3.88%。究其原因，2003—2004 年长江中游城市群各个城市的人均人力资本水平均值的下降是由于黄冈、襄阳、长沙、株洲、常德、南昌、九江、鹰潭、宜春、上饶和抚州这几个城市的人均人力资本水平在这一时期出现了下降。其中，黄冈的人均人力资本水平由 2003 年的 23.527 下降至 2004 年的 23.046，下降幅度为 2.04%。襄阳的人均人力资本水平由 2003 年的 30.056 下降至 2004 年的 29.230，下降幅度为 2.75%。长沙的人均人力资本水平由 2003 年的 30.273 下降至 2004 年的 29.017，下降幅度为 4.15%。株洲的人均人力资本水平由 2003 年的 60.657 下降至 2004 年的 57.230，下降幅度为 5.65%。常德的人均人力资本水平由 2003 年的 29.658 下降至 2004 年的 29.223，下降幅度为 1.47%。南昌的人均人力资本水平由 2003 年的 52.537 下降至 2004 年的 48.062，下降幅度为 8.52%。九江的人均人力资本水平由 2003 年的 28.944 下降至 2004 年的 24.105，下降幅度为 16.72%。鹰潭的人均人力资本水平由 2003 年的 65.895 下降至 2004 年的 52.586，下降幅度为 20.20%。宜春的人均人力资本水平由 2003 年的 54.987 下降至 2004 年的 52.755，下降幅度为 4.06%。上饶的人均人力资本水平由 2003 年的 69.256 下降至 2004 年的 53.865，下降幅度为 22.22%。抚州的人均人力资本水平由 2003 年的 31.634 下降至 2004 年的 29.177，下降幅度为 7.77%。2007—2009 年期间长江中游城市群各个城市的人均人力资本水平均值的下降是由于黄石、鄂州、株洲、娄底、南昌、新余、萍乡、抚州、黄冈、孝感、咸宁、湘潭、益阳、景德镇、鹰潭、上饶和吉安这几个城市的人均人力资本水平在这一时期出现了下降。其中，前述从黄石到抚州共 8 个城市的人均人力资本水平在 2007—2009 年期间均出现了逐年下降，而从黄冈至吉安共 9 个城市的人均人力资本水平在这一期间则表现出特定年度的下降。从具体数值来看，首先是 2007—2009 年期间人均人力资本水平呈现出逐年下降的 8 个城市的数值变化及下降幅度。黄石的人均人力资本水平由 2007 年的 43.182 下降至 2009 年的 38.846，下降幅度为 10.04%。鄂州的人均人力资本水平由 2007 年的 41.300 下降至 2009 年的 17.575，下降幅度为 57.45%，下降幅度相对较大。株洲的人均人力资本水平由 2007 年的 72.776 下降至 2009 年的 55.888，下降幅度为 23.21%。娄底的人均人力资本水平由 2007 年的 87.859 下降至 2009 年的 41.456，下降幅度为 52.82%。南昌的人均人力资本水平由 2007 年的 52.215 下降至 2009 年的 40.425，下降幅度为 22.58%。新余的人均人力资本水平由 2007 年的 44.312 下降至 2009 年的 29.497，下降幅度为 33.43%。萍乡的人均人力资本水平由 2007 年的 48.423 下降至 2009 年的 36.467，下降幅度为 24.69%。抚州的人均人力资本水平由 2007 年的 35.224 下降至 2009 年的 33.380，下降幅度为 5.24%。其次是 2007—2009 年期间人均人力资本水平呈现出特定年度下降的 9 个城市的数值变化及下降幅度。黄冈的人均人力资本水平由 2008 年的 32.086 下降至 2009 年的 30.956，下降幅度为 3.52%。孝感的人均人力资本水平由 2008 年的 55.350 下降至 2009 年的 49.696，下降幅度为 10.21%。咸宁的人均人力资本水平由 2008 年的 30.009 下降至 2009 年的 27.369，下降幅度为 8.80%。湘潭的人均人力资本水平由 2008 年的 41.609 下降至 2009 年的 41.061，下降幅度为 1.32%。益阳的人均人力资本水平由 2008 年的 41.441 下降至 2009 年的 34.451，下降幅度为 16.87%。景德镇的人均人力资本水平由 2008 年的 36.530 下降至 2009 年的 33.217，下降幅度为 9.07%。鹰潭的人均人力资本水平由 2008 年的 36.313 下降至 2009 年的 33.538，下降幅度为 7.64%。上饶的人均人力资本水平由 2007 年的 44.469 下降至 2008 年的 33.538，下降幅度为 24.58%。吉安的人均人力资本水平由 2008 年的 42.220 下降至 2009 年的 34.548，下降幅度为 18.17%。

除此之外，2000—2010 年期间长江中游城市群各个城市的人均人力资本水平从整体上看呈现出逐年上升的趋势，这从历年的人均人力资本水平均值可以体现出来。2000 年长江中游城市群 28 个样本城市的人均人力资本水平均值为 21.270，而到 2010 年该值则上升至 44.069，上升幅度为 107.19%。具体到各城市看，除了宜昌、荆州、荆门和衡阳 4 个城市以外，2000—2010 年期间长江中游城市群其余 24 个城市均呈现出不同程度的波动式上升的态势。具体表现为虽然黄石整个期间内其人均人力资本水平实现了增长，但其 2007—2009 年的人均人力资本水平均比前一年份要低。鄂州人均人力资本水平出现下降的年份在 2001 年、2008 年至 2010 年。黄冈人均人力资本水平出现下降的年份在 2001 年、2004 年、2005 年和 2009 年。襄阳人均人力资本水平出现下降的年份在 2004 年和 2006 年。株洲人均人力资本水平出现下降的年份在 2004 年、2008 年和 2010 年。湘潭人均人力资本水平出现下降的年份在 2003 年、2009 年和 2010 年。常德人均人力资本水平出现下降的年份在 2004 年和 2005 年。娄底人均人力资本水平出现下降的年份在 2008 年至 2010 年。南昌人均人力资本水平出现下降的年份在 2004 年、2005 年、2008 年和 2009 年。九江人均人力资本水平出现下降的年份在 2004 年和 2007 年。景德镇人均人力资本水平出现下降的年份出现在 2006 年、2009 年和 2010 年。鹰潭的人均人力资本水平出现下降的年份在 2003—2007 年以及 2009 年。新余人均人力资本水平出现下降的年份在 2003 年、2008 年至 2010 年。宜春人均人力资本水平出现下降的年份在 2001—2006 年以及 2010 年。萍乡人均人力资本水平出现下降的年份在 2006 年、2008 年和 2009 年。上饶人均人力资本水平出现下降的年份在 2002 年、2004 年、2005 年和 2008 年。抚州人均人力资本水平出现下降的年份在 2002—2004 年、2006 年、2008 年和 2009 年。武汉、长沙和岳阳人均人力资本水平出现下降的年份分别是 2006 年、2004 年和 2002 年。孝感、咸宁、益阳和吉安 4 个城市人均人力资本水平下降均出现在 2009 年。

2000—2010 年期间衡阳的人均人力资本水平增幅最大，其值为608.66%。其次是宜昌，增幅为 513.62%。孝感、荆门和武汉的增幅也相对较大，其值分别为 336.61%、336.69% 和 397.03%。值得注意的是，2000—2010 年期间宜春的人均人力资本水平出现了下降的趋势，由 2000 年的85.018 下降至 2010 年的 28.189，下降幅度为 66.84%。除此之外，2000—2010 年期间人均人力资本水平增幅较小的城市包含了鹰潭、南昌、上饶、抚州、鄂州、黄冈、萍乡、新余、景德镇和株洲共 10 个，其上升幅度分别 为 13.74%、19.47%、28.68%、29.63%、39.98%、43.67%、56.94%、58.96%、84.33% 和 92.50%，均在 100% 以下。其余城市人均人力资本水平的增幅均在 100% ~ 300% 之间。其中，高于均值增幅 107.18% 的城市包括了吉安、娄底、襄阳、湘潭、九江、黄石、荆州、常德、长沙、岳阳、咸宁和益阳，其值分别为 123.45%、131.46%、152.87%、158.94%、172.37%、184.79%、201.47%、211.34%、212.47%、213.90%、230.31% 和237.04%。

从长江中游城市群各城市 2000—2010 年期间人均人力资本水平的均值来看，衡阳、鹰潭、上饶、南昌、株洲和宜春共 6 个城市的值相对较高，分别为 40.77、46.45、46.66、46.95、55.21 和 55.52，均在 40 以上。宜昌、鄂州、咸宁、益阳、黄冈、九江、岳阳、景德镇、荆州和湘潭共 10 个城市的值相对较低，分别为 13.75、19.82、20.32、24.00、25.13、26.88、28.25、28.42、29.25 和 29.48。其余包括武汉、黄石、孝感、襄阳、荆门、长沙、常德、娄底、新余、萍乡、抚州和吉安在内的 12 个城市的值均在30 ~ 40 之间。从人均人力资本水平的绝对值来看，2000—2010 年期间南昌和株洲 2 个城市的人均人力资本水平均在对应年份的均值之上，其值相对较高。与之相反，宜昌、咸宁、鄂州、益阳、九江和景德镇共 6 个城市的人均人力资本水平则均在对应年份的均值之下，其值相对较低。

表 4-10　2000—2010 年期间长江中游城市群各城市人均人力资本水平

长江中游	2000 年	2001 年	2002 年	2003 年	2004 年	2005 年	2006 年	2007 年	2008 年	2009 年	2010 年
武汉	12.345	14.778	20.650	22.640	28.419	33.512	20.913	39.796	45.353	53.025	61.361
黄石	17.692	21.448	26.820	31.888	35.368	38.378	54.986	43.182	43.009	38.846	50.384
鄂州	12.294	11.922	14.220	15.406	16.937	19.374	22.501	41.300	29.314	17.575	17.209
黄冈	24.770	16.982	23.378	23.527	23.046	17.167	21.817	27.101	32.086	30.956	35.588
孝感	14.354	17.112	24.286	24.765	27.360	29.382	33.139	49.645	55.350	49.696	62.671
咸宁	9.999	10.686	13.468	15.406	16.250	18.709	22.041	26.531	30.009	27.369	33.026
襄阳	18.575	21.646	27.740	30.056	29.230	29.609	27.863	38.362	41.156	43.104	46.972
宜昌	5.146	5.728	6.353	7.356	8.076	10.350	12.614	18.146	19.933	25.950	31.575
荆州	16.908	18.790	20.963	23.041	24.293	25.393	27.885	36.450	38.187	38.884	50.975
荆门	14.070	14.564	18.126	22.766	25.079	26.641	28.111	39.816	40.927	44.185	61.442
长沙	13.886	14.282	22.152	30.273	29.017	31.355	33.833	35.981	40.289	41.737	43.389
株洲	28.705	32.343	60.629	60.657	57.230	59.486	62.766	72.776	61.565	55.888	55.258
湘潭	15.478	16.668	24.863	23.387	25.594	27.275	30.792	37.466	41.609	41.061	40.077
岳阳	16.514	20.124	15.021	16.496	22.085	23.961	26.294	35.360	39.529	43.530	51.836
益阳	10.580	11.082	13.672	16.245	20.014	22.468	26.572	31.867	41.441	34.451	35.658
常德	16.474	18.268	27.532	29.658	29.223	29.097	32.999	44.039	46.434	48.708	51.290
衡阳	12.554	16.474	17.089	21.152	22.755	35.884	39.447	54.730	66.548	72.888	88.965
娄底	16.193	17.531	22.293	27.855	29.053	34.836	44.379	87.859	52.762	41.456	37.480
南昌	39.749	40.004	51.758	52.537	48.062	47.409	48.898	52.215	47.914	40.425	47.490
九江	13.950	15.399	24.959	28.944	24.105	26.756	29.721	26.455	33.009	34.357	37.994
景德镇	16.481	20.165	25.991	28.285	28.502	28.677	28.015	36.425	36.530	33.217	30.378
鹰潭	32.627	55.847	74.306	65.895	52.586	45.347	44.096	33.278	36.313	33.538	37.110
新余	16.915	26.545	36.167	33.904	36.712	38.497	40.565	44.312	38.688	29.497	26.887
宜春	85.018	71.759	65.490	54.987	52.755	51.185	45.819	46.905	51.336	57.268	28.189
萍乡	26.198	28.820	36.244	40.124	44.162	47.931	45.449	48.423	43.954	36.467	41.115
上饶	43.154	49.030	46.868	69.256	53.865	37.614	44.301	44.469	33.538	35.678	55.529
抚州	28.084	36.369	34.243	31.634	29.177	29.639	28.039	35.224	33.841	33.380	36.406
吉安	16.863	19.148	20.895	28.537	30.443	31.724	34.608	39.959	42.220	34.548	37.681
均值	21.270	23.697	29.149	31.310	31.050	32.059	34.231	41.717	41.530	39.917	44.069

从表 4-11 的数据可以发现，2014 年长江中游城市群各个城市的人均人力资本水平均值为 62.363，而 2015 年该值则为 61.257，出现了下降趋势，下降幅度为 1.77%。究其原因，2014—2015 年长江中游城市群各个城市的人均人力资本水平均值的下降是由于黄石、鄂州、孝感、咸宁、襄阳、宜昌、荆州、荆门、株洲、湘潭、衡阳、娄底、新余和抚州这几个城市的人均人力资本水平在这一时期出现了下降。其中，黄石的人均人力资本水平由 2014 年的 47.904 下降至 2015 年的 45.534，下降幅度为 4.95%。鄂州的人均人力资本水平由 2014 年的 31.676 下降至 2015 年的 31.291，下降幅度为 1.22%。孝感的人均人力资本水平由 2014 年的 71.428 下降至 2015 年的 70.635，下降幅度为 1.11%。咸宁的人均人力资本水平由 2014 年的 31.840 下降至 2015 年的 28.616，下降幅度为 10.13%。襄阳的人均人力资本水平由 2014 年的 72.202 下降至 2015 年的 56.120，下降幅度为 22.27%。宜昌的人均人力资本水平由 2014 年的 86.201 下降至 2015 年的 79.171，下降幅度为 8.16%。荆州的人均人力资本水平由 2014 年的 81.924 下降至 2015 年的 39.366，下降幅度相对较大，其值为 51.95%。荆门的人均人力资本水平由 2014 年的 48.657 下降至 2015 年的 46.240，下降幅度为 4.97%。株洲的人均人力资本水平由 2014 年的 89.815 下降至 2015 年的 88.644，下降幅度为 1.30%。湘潭的人均人力资本水平由 2014 年的 49.339 下降至 2015 年的 43.080，下降幅度为 12.69%。衡阳的人均人力资本水平由 2014 年的 82.764 下降至 2015 年的 80.618，下降幅度为 2.59%。娄底的人均人力资本水平由 2014 年的 54.280 下降至 2015 年的 48.585，下降幅度为 10.49%。新余的人均人力资本水平由 2014 年的 45.415 下降至 2015 年的 41.082，下降幅度为 9.54%。抚州的人均人力资本水平由 2014 年的 100.461 下降至 2015 年的 99.086，下降幅度为 1.37%。

除此之外，2011—2020 年期间长江中游城市群各个城市的人均人力资本水平从整体上呈现出逐年上升的趋势，这一趋势从历年的人均人力资本水平均值得以体现。2011 年长江中游城市群 28 个样本城市的人均人力资本水平均值为 51.103，而到 2020 年该值则上升至 71.643，上升幅度为 40.19%。具体到各城市来看，除了长沙这个城市以外，2011—2020 年期间长江中游城市群其余 27 个城市均呈现出不同程度的波动式上升态势。具体表现为虽然南昌整个时期内其人均人力资本水平实现了增长，但其 2020 年的人均人力资本水平均比前一年份要低。武汉人均人力资本水平出现下降的年份在 2012—2020 年。黄石人均人力资本水平出现下降的年份在 2012—2016 年以及 2019 年。鄂州人均人力资本水平出现下降的年份在 2012 年、2013 年和 2015 年。黄冈人均人力资本水平出现下降的年份在 2012 年、2016 年、2018 年和 2019 年。孝感人均人力资本水平出现下降的年份在 2012 年、2014—2016 年、2018 年和 2020 年。咸宁人均人力资本水平出现下降的年份在 2012—2013 年、2015 年和 2017 年。襄阳人均人力资本水平出现下降的年份在 2013 年、2015—2016 年、2019—2020 年。宜昌人均人力资本水平出现下降的年份在 2015 年和 2016 年。荆州人均人力资本水平出现下降的年份在 2015 年和 2020 年。荆门人均人力资本水平出现下降的年份出现在 2012—2013 年、2015—2016 年。株洲人均人力资本水平出现下降的年份在 2013—2017 年以及 2019 年。湘潭人均人力资本水平出现下降的年份在 2013 年、2015 年、2017 年、2019—2020 年。岳阳人均人力资本水平出现下降的年份在 2012 年、2016 年以及 2018—2019 年。益阳人均人力资本水平出现下降的年份在 2017 年、2018 年和 2020 年。常德人均人力资本水平出现下降的年份在 2013 年、2017 年和 2020 年。衡阳人均人力资本水平出现下降的年份在 2013 年、2015 年、2017 年、2019 年和 2020 年。娄底人均人力资本水平出现下降的年份是 2012—2016 年以及 2019 年。九江人均人力资本水平下降出现在 2014 年和 2020 年。景德镇人均人力资本水平下降出现在 2013 年、2019 年和 2020 年。鹰潭人均人力资本水平下降出现在 2016 年和 2020 年。新余人均人力资本水平下降出现在

2015—2017 年。宜春人均人力资本水平下降出现在 2017 年和 2019 年。萍乡人均人力资本水平下降出现在 2013 年、2016 年和 2020 年。上饶人均人力资本水平下降出现在 2012 年、2014 年和 2020 年。抚州人均人力资本水平下降出现在 2015—2019 年。吉安人均人力资本水平下降出现在 2016—2017 年以及 2020 年。

2011—2020 年期间，宜春的人均人力资本水平增幅最大，达到 181.68%。其次是长沙，增幅为 126.07%。第三位是常德，其值为 119.95%。需要注意的是，这段时间内长江中游城市群中有 7 个城市的人均人力资本水平出现了下降的趋势，它们分别是湘潭、株洲、娄底、孝感、襄阳、岳阳和衡阳。其中，湘潭的人均人力资本水平从 2011 年的 46.997 下降到 2020 年的 34.526，下降幅度为 26.54%。株洲的人均人力资本水平从 2011 年的 100.720 下降到 2020 年的 76.663，下降幅度为 23.89%。娄底的人均人力资本水平从 2011 年的 68.728 下降到 2020 年的 56.494，下降幅度为 17.80%。孝感的人均人力资本水平从 2011 年的 71.272 下降到 2020 年的 59.474，下降幅度为 16.55%。襄阳的人均人力资本水平从 2011 年的 46.850 下降到 2020 年的 42.366，下降幅度为 9.57%。岳阳的人均人力资本水平从 2011 年的 60.387 下降到 2020 年的 56.401，下降幅度为 6.60%。衡阳的人均人力资本水平从 2011 年的 81.733 下降到 2020 年的 80.019，下降幅度为 2.10%。除此之外，其余城市的人均人力资本水平增幅均在 0 ~ 100% 之间。其中，高于均值增幅 40.19% 的城市包括九江、萍乡、武汉、南昌、鄂州、抚州、吉安、鹰潭、新余、黄冈、黄石、荆州和宜昌共 13 个城市，其值分别为 42.50%、44.91%、44.98%、57.16%、61.54%、67.49%、73.29%、76.78%、79.49%、79.76%、85.42%、92.78% 和 96.90%。低于均值增幅 40.19% 的城市包括益阳、荆门、景德镇、上饶和咸宁共 5 个城市，其值分别为 18.67%、19.16%、32.86%、34.80% 和 36.18%。

从长江中游城市群各城市 2011—2020 年期间人均人力资本水平的均

值来看，衡阳、抚州、株洲、武汉和常德 5 个城市的值相对较高，分别为 81.45、82.48、85.76、89.75 和 98.00，均在 80 以上。咸宁、黄冈、鄂州、新余、湘潭和荆门 6 个城市的值相对较低，分别为 33.08、34.08、36.59、39.64、43.09 和 49.85，均在 50 以下。其余包括黄石、孝感、襄阳、宜昌、荆州、长沙、岳阳、益阳、娄底、南昌、九江、景德镇、鹰潭、宜春、萍乡、上饶和吉安在内的 17 个城市的值均在 50 ~ 80 之间。从人均人力资本水平的绝对值来看，2011—2020 年期间南昌、武汉、衡阳、常德和株洲 5 个城市的人均人力资本水平均在对应年份的均值之上，其值相对较高。与之相反，黄冈、新余、咸宁、鄂州、益阳、景德镇和湘潭共 7 个城市的人均人力资本水平则均在对应年份的均值之下，其值相对较低。

表 4-11　2011—2020 年期间长江中游城市群各城市人均人力资本水平

长江中游	2011 年	2012 年	2013 年	2014 年	2015 年	2016 年	2017 年	2018 年	2019 年	2020 年
武汉	77.192	73.520	76.067	79.858	83.324	85.509	93.350	102.107	114.657	111.912
黄石	52.187	50.873	49.569	47.904	45.534	42.709	62.360	75.280	74.425	96.765
鄂州	37.155	34.415	31.575	31.676	31.291	31.801	33.883	36.422	37.651	60.018
黄冈	24.646	23.800	26.874	29.430	34.910	34.538	41.317	40.571	40.361	44.303
孝感	71.272	70.121	72.954	71.428	70.635	68.823	95.694	54.336	64.662	59.474
咸宁	35.124	30.150	27.650	31.840	28.616	35.751	29.534	31.033	33.243	47.833
襄阳	46.850	51.881	46.441	72.202	56.120	51.976	56.906	65.008	63.919	42.366
宜昌	39.822	40.253	71.185	86.201	79.171	56.623	57.587	63.884	67.093	78.409
荆州	45.249	58.073	66.705	81.924	39.366	66.725	94.227	108.691	110.770	87.231
荆门	52.197	51.027	48.181	48.657	46.240	45.440	46.221	48.101	50.281	62.195
长沙	50.494	55.878	59.075	60.381	62.851	72.447	81.452	106.194	112.405	114.150
株洲	100.720	101.063	93.083	89.815	88.644	77.394	70.116	84.106	76.000	76.663
湘潭	46.997	50.048	43.913	49.339	43.080	47.356	37.797	40.459	37.413	34.526
岳阳	60.387	53.737	64.346	64.979	66.146	63.109	63.273	60.700	52.089	56.401
益阳	43.071	48.317	52.380	56.010	60.213	61.619	59.045	51.118	55.977	51.111
常德	51.488	88.803	86.746	94.663	101.213	106.420	95.021	112.814	129.605	113.248
衡阳	81.733	83.553	79.274	82.764	80.618	82.875	81.392	81.430	80.879	80.019
娄底	68.728	62.627	62.003	54.280	48.585	48.404	52.078	58.752	54.788	56.494
南昌	59.826	61.174	64.122	65.199	66.313	71.046	86.869	91.564	97.127	94.024
九江	49.400	55.179	57.556	53.361	55.477	56.056	59.266	67.532	72.685	70.395
景德镇	44.084	48.498	45.031	47.178	47.344	54.943	59.938	63.958	58.991	58.569
鹰潭	48.510	50.566	61.288	69.120	83.049	66.618	83.614	92.202	98.427	85.756

续表

长江中游	2011 年	2012 年	2013 年	2014 年	2015 年	2016 年	2017 年	2018 年	2019 年	2020 年
新余	28.435	28.873	33.044	45.415	41.082	40.864	34.823	42.253	50.578	51.039
宜春	35.396	39.001	56.404	60.136	65.996	80.183	77.018	113.191	84.864	99.703
萍乡	47.464	51.510	43.546	49.921	55.624	54.934	61.296	69.033	71.418	68.779
上饶	57.575	43.970	60.653	56.242	61.218	71.874	72.310	77.242	80.243	77.614
抚州	47.706	64.228	90.704	100.461	99.086	95.511	92.598	80.404	74.222	79.904
吉安	27.178	34.948	60.111	65.776	73.442	69.174	44.749	45.114	52.159	47.096
均值	51.103	53.789	58.231	62.363	61.257	62.169	65.133	70.125	71.319	71.643

从表 4-12 的数据可以发现，2008—2010 年期间成渝城市群各个城市人均人力资本水平的均值依次是 46.721、44.374 和 43.278，出现了逐年下降的趋势，下降幅度分别为 5.02% 和 2.47%。究其原因，这种下降主要是由于自贡、泸州、内江、资阳、德阳、绵阳、遂宁、乐山、眉山、宜宾、广安、雅安和重庆这几个城市的人均人力资本水平在此期间出现了下降。其中，前述从自贡到资阳共 4 个城市的人均人力资本水平在 2008—2010 年期间均出现了逐年下降，而从德阳至重庆共 9 个城市的人均人力资本水平则表现出特定年度的下降。从具体数值来看，首先是 2008—2010 年期间人均人力资本水平呈现出逐年下降的 4 个城市的数值变化及下降幅度。自贡的人均人力资本水平从 2008 年的 60.469 下降到 2010 年的 48.740，下降幅度为 19.40%。泸州的人均人力资本水平从 2008 年的 45.824 下降到 2010 年的 41.913，下降幅度为 8.53%。内江的人均人力资本水平从 2008 年的 42.561 下降到 2010 年的 38.063，下降幅度为 10.57%。资阳的人均人力资本水平从 2008 年的 41.079 下降到 2010 年的 35.065，下降幅度为 14.64%。其次是 2008—2010 年期间人均人力资本水平呈现出特定年度下降的 9 个城市的数值变化及下降幅度。德阳的人均人力资本水平从 2008 年的 68.581 下降到 2009 年的 56.257，下降幅度为 17.97%。绵阳的人均人力资本水平从 2008 年的 56.276 下降到 2009 年的 41.422，下降幅度为 26.39%。遂宁的人均人力资本水平从 2008 年的 34.858 下降到 2009 年的

32.766，下降幅度为 6.00%。乐山的人均人力资本水平从 2008 年 52.525 下降到 2009 年的 42.876，下降幅度为 18.37%。眉山的人均人力资本水平从 2009 年的 33.580 下降到 2010 年的 27.938，下降幅度为 16.80%。宜宾的人均人力资本水平从 2009 年的 71.437 下降到 2010 年的 41.590，下降幅度为 41.78%。广安的人均人力资本水平从 2008 年的 61.561 下降到 2009 年的 34.868，下降幅度为 43.36%，下降幅度相对较大。雅安的人均人力资本水平从 2008 年的 30.033 下降到 2009 年的 29.043，下降幅度为 3.30%。重庆的人均人力资本水平从 2009 年的 57.531 下降到 2010 年的 56.455，下降幅度为 1.87%。

　　除此之外，2000—2010 年期间成渝城市群各个城市的人均人力资本水平整体呈逐年上升的趋势。这一趋势可以从历年的人均人力资本水平均值得以体现。2000 年，成渝城市群的 16 个样本城市的人均人力资本水平均值为 14.170，而到 2010 年，该值则上升至 43.278，上升幅度为 205.42%。具体到各城市看，除了成都这个城市以外，2000—2010 年期间成渝城市群的其他 15 个城市均呈现出不同程度的波动式上升态势。具体表现为虽然自贡、泸州、内江和资阳 4 个城市整个期间内其人均人力资本水平都实现了不同程度的增长，但其 2009 年和 2010 年的人均人力资本水平均比前一年份要低。德阳、绵阳和遂宁 3 个城市人均人力资本水平出现下降的年份是 2009 年。乐山人均人力资本水平出现下降的年份是在 2006 年和 2009 年。南充人均人力资本水平出现下降的年份是在 2001 年。眉山人均人力资本水平出现下降的年份是在 2001 年和 2010 年。宜宾人均人力资本水平出现下降的年份在 2005 年和 2010 年。广安人均人力资本水平出现下降的年份在 2004 年和 2009 年。达州人均人力资本水平出现下降的年份在 2003 年、2005 年和 2008 年。雅安人均人力资本水平出现下降的年份在 2005 年和 2009 年。重庆人均人力资本水平出现下降的年份是在 2010 年。2000—2010 年期间绵阳的人均人力资本水平增幅最大，为 505.10%。其次是成都，增幅为 460.27%。第三位是重庆，增幅为 313.26%。2000—2010 年期间人均人力资本水平增幅最小的城市是资阳，为 78.15%。除此之外，其他城市的人均人力资本水平增幅均在 100% ~ 300% 之间。其中，低于均值增幅 205.43% 的城市包括达州、泸州、内江、自贡、眉山、遂宁、南充和雅安 8 个城市，其值分别为 105.58%、126.65%、155.14%、155.80%、161.10%、186.73%、187.88% 和 202.38%。而高于均值增幅的城市则包括宜宾、广安、德阳和乐山 4 个城市，其值分别为 207.61%、220.61%、226.31% 和 266.50%，均在 200% 以上。

从成渝城市群各城市 2000—2010 年期间人均人力资本水平的均值来看，宜宾、重庆、自贡和德阳共 4 个城市的值相对较高，分别为 37.26、38.10、40.12 和 44.44，均在 35 以上。而眉山、雅安和遂宁共 3 个城市的值相对较低，分别为 17.01、21.73 和 24.29，均在 25 以下。其余包括广安、达州、南充、内江、成都、绵阳、资阳、泸州和乐山在内的 9 个城市的值均在 25 ~ 35 之间。从人均人力资本水平的绝对值来看，2000—2010 年期间自贡和德阳 2 个城市的人均人力资本水平均在对应年份的均值之上，其值相对较高。与之相反，雅安、遂宁和眉山共 3 个城市的人均人力资本水平则均在对应年份的均值之下，其值相对较低。

表 4-12　2000—2010 年期间成渝城市群各城市人均人力资本水平

成渝	2000 年	2001 年	2002 年	2003 年	2004 年	2005 年	2006 年	2007 年	2008 年	2009 年	2010 年
成都	10.358	13.227	15.575	18.775	22.999	29.005	30.149	39.806	48.084	53.335	58.033
自贡	19.054	23.747	30.751	30.767	36.167	37.906	43.855	56.108	60.469	53.737	48.740
泸州	18.493	21.208	24.463	25.540	27.186	29.397	32.256	38.549	45.824	43.627	41.913
德阳	17.712	21.838	29.492	31.788	39.638	46.598	51.217	67.965	68.581	56.257	57.794
绵阳	10.021	14.075	19.551	20.927	23.354	27.144	31.050	39.391	56.276	41.422	60.637
遂宁	11.666	13.719	14.814	18.950	21.932	24.399	25.959	34.703	34.858	32.766	33.450
内江	14.918	18.198	22.594	26.259	27.554	29.828	33.975	40.331	42.561	40.009	38.063
乐山	11.947	13.615	17.396	21.362	32.075	43.050	42.962	46.133	52.525	42.876	43.786
南充	15.907	15.318	20.321	20.577	22.348	24.728	26.180	31.298	37.156	45.286	45.793
眉山	10.700	10.481	12.558	13.063	13.205	13.547	14.864	17.958	19.255	33.580	27.938
宜宾	13.520	16.272	22.764	26.780	34.975	30.323	33.895	56.556	61.711	71.437	41.590
广安	11.714	14.818	19.106	21.966	18.421	18.516	20.534	27.946	61.561	34.868	37.555
达州	17.662	21.279	22.985	22.889	23.100	20.963	32.200	34.551	31.774	33.975	36.310
雅安	9.699	12.221	14.129	20.222	22.182	21.161	23.666	27.297	30.033	29.043	29.326
资阳	19.683	23.750	27.812	29.455	29.863	31.613	32.684	34.979	41.079	40.243	35.065
重庆	13.661	21.674	25.291	28.096	29.167	39.304	42.321	49.805	55.790	57.531	56.455
均值	14.170	17.215	21.225	23.588	26.510	29.218	32.360	40.211	46.721	44.374	43.278

从表 4-13 的数据可以发现，2013 年成渝城市群各个城市人均人力资本水平的均值是 77.886，2014 年该值则是 74.980，出现了下降趋势，下降幅度为 3.73%。2015 年成渝城市群各个城市人均人力资本水平的均值是 84.004，2016 年该值则是 81.661，下降幅度为 2.79%。同时，2018—2020 年期间成渝城市群各个城市人均人力资本水平的均值依次是 93.027、90.300 和 89.407，出现了逐年下降的趋势，下降幅度分别为 2.93% 和 0.99%。究其原因，2013—2014 年期间成渝城市群各个城市的人均人力资本水平均值的下降是由于成都、自贡、德阳、乐山、南充、眉山、宜宾、广安和资阳这几个城市的人均人力资本水平在这一时期出现了下降。从具体数值来看，成都的人均人力资本水平从 2013 年的 131.703 下降到 2014 年的 91.916，下降幅度为 30.21%。自贡的人均人力资本水平从 2013 年的下降 122.456 到 2014 年的 112.904，下降幅度为 7.80%。德阳的人均人力资本水平从 2013 年的 72.645 下降到 2014 年的 68.705，下降幅度为 5.42%。乐山的人均人力资本水平从 2013 年的 55.486 下降到 2014 年的 53.403，下降幅度为 3.75%。南充的人均人力资本水平从 2013 年的 70.131 下降到 2014 年的 63.292，下降幅度为 9.75%。眉山的人均人力资本水平从 2013 年的 59.117 下降到 2014 年的 43.270，下降幅度为 26.81%。宜宾的人均人力资本水平从 2013 年的 87.790 下降到 2014 年的 76.028，下降幅度为 13.40%。广安的人均人力资本水平从 2013 年的 62.648 下降到 2014 年的 59.849，下降幅度为 4.47%。资阳的人均人力资本水平从 2013 年的 50.547 下降到 2014 年的 43.874，下降幅度为 13.20%。2015—2016 年期间成渝城市群各个城市的人均人力资本水平均值的下降是由于泸州、内江、乐山、南充、眉山、宜宾、雅安、资阳和重庆这几个城市的人均人力资本水平在这一时期出现了下降。其中，泸州的人均人力资本水平从 2015 年的 71.979 下降到 2016 年的 70.018，下降幅度为 2.72%。内江的人均人力资本水平从 2015 年的 82.134 下降到 2016 年的 68.275，下降幅度为 16.87%。乐山的人均人力资本水平从 2015 年的 63.577 下降到 2016 年的 51.921，下降幅度为 18.33%。南充的人均人力资本水平从 2015 年的 86.857 下降到 2016 年的 86.583，下降幅度为 0.32%。眉山的人均人力资本水平从 2015 年的 93.781 下降到 2016 年的 68.704，下降幅度为 26.74%。宜宾的人均人力资本水平从 2015 年的 84.652 下降到 2016 年的 79.768，下降幅度为 5.77%。雅安的人均人力资本水平从 2015 年的 105.610 下降到 2016 年的 102.294，下降幅度为 3.14%。资阳的人均人力资本水平从 2015 年的 52.376 下降到 2016 年的 43.540，下降幅度为 16.87%。重庆的人均人力资本水平从 2015 年的 136.944 下降到 2016 年的 89.424，下降幅度为 34.70%。2018—2020 年期间成渝城市群各个城市人均人力资本水平的均值的下降是由于自贡、遂宁、广安、达州、泸州、德阳、绵阳、乐山、南充、眉山、宜宾、雅安和重庆这几个城市的人均人力资本水平在这一时期出现了下降。其中，前述从自贡到达州共 4 个城市的人均人力资本水平在 2018—2020 年期间均出现了逐年下降，而从泸州至重庆共 9 个城市的人均人力资本水平在这一期间则表现出特定年度的下降。从具体数值来看，首先是 2018—2020 年期间人均人力资本水平呈现出逐年下降的 4 个城市的数值变化及下降幅度。自贡的人均人力资本水平从 2018 年的 135.597 下降到 2020 年的 109.213，下降幅度为 19.46%。遂宁的人均人力资本水平从 2018 年的 60.643 下降到 2020 年的 53.768，下降幅度为 11.34%。广安的人均人力资本水平从 2018 年的 106.879 下降到 2020 年的 34.132，下降幅度为 68.06%，下降幅度相对较大。达州的人均人力资本水平从 2018 年的 75.302 下降到 2020 年的 72.878，下降幅度为 3.22%。其次是 2018—2020 年期间人均人力资本水平呈现出特定年度下降的 9 个城市的数值变化及下降幅度。泸州的人均人力资本水平从 2019 年的 94.362 下降到 2020 年的 66.216，下降幅度为 29.83%。德阳的人均人力资本水平从 2018 年的 103.649 下降到 2019 年的 67.688，下降幅度为 34.69%。绵阳的人均人力资本水平从 2018 年的 121.118 下降到 2019 年的 103.089，下降幅度为 14.89%。乐山的人均人力资本水平从 2019 年的 75.616 下降到 2020 年的 72.496，下降幅度为 4.13%。南充的人均人力资本水平从 2019 年的 145.678 下降到 2020 年的 120.708，下降幅度为 17.14%。眉山的人均人力资本水平从 2018 年的 60.997 下降到 2019 年的 42.659，下降幅度为 30.06%。宜宾的人均人力资本水平从 2019 年的 118.620 下降到 2020 年的 100.495，下降幅度为 15.28%。雅安的人均人力资本水平从 2018 年的 85.378 下降到 2019 年的 52.711，下降幅度为 38.26%。重庆的人均人力资本水平从 2019 年的 123.466 下降到 2020 年的 119.701，下降幅度为 3.05%。

除此之外，2011—2020 年期间成渝城市群各个城市的人均人力资本水平从整体上看呈现出逐年上升的趋势，这从历年的人均人力资本水平均值可以体现出来。2011 年成渝城市群 16 个样本城市的人均人力资本水平均值为 53.279，而到 2020 年该值则上升至 89.407，上升幅度为 67.81%。具体到各城市看，2011—2020 年期间广安和内江 2 个城市的人均人力资本水平整体上出现了下降的趋势。2011 年广安和内江的人均人力资本水平分别为 38.601 和 64.989，而 2020 年 2 个城市的人均人力资本水平则依次为 34.132 和 58.470，下降幅度分别为 11.58% 和 10.03%。2011—2020 年期间成渝城市群其他所有城市的人均人力资本水平均呈现出不同程度的波动式上升态势。具体表现为虽然自贡整个期间内其人均人力资本水平实现了增长，但其 2014 年、2015 年、2019 年和 2020 年这 4 个年份的人均人力资本水平均比前一年份低。泸州人均人力资本水平出现下降的年份是在 2012 年、2015—2016 年以及 2020 年。德阳人均人力资本水平出现下降的年份是在 2014 和 2019 年。遂宁人均人力资本水平出现下降的年份是在 2017 年、2019 年和 2020 年。乐山和南充人均人力资本水平出现下降的年份都是在 2014 年、2016 年和 2020 年。眉山人均人力资本水平出现下降的年份是在 2014 年、2016—2017 年以及 2019 年。宜宾人均人力资本水平出现下降的年份是在 2014 年、2016—2017 年以及 2020 年。达州人均人力资本水平出现下降的年份是在 2013 年、2017 年、2019 年和 2020 年。雅安人均人力资本水平出现下降的年份是在 2016—2019 年。资阳人均人力资本水平出现下降的年份是在 2012 年、2014 年和 2016 年。重庆人均人力资本水平出现下降的年份是在 2016 年、2018 年和 2020 年。

2011—2020 年期间成都的人均人力资本水平增幅最大，为 279.65%。其次，南充、眉山和雅安 3 个城市的人均人力资本水平增幅也相对较大，分别为 135.92%、139.18% 和 156.67%。自贡、泸州、达州和宜宾这 4 个城市的人均人力资本水平增幅相对较小，分别为 4.18%、23.84%、31.39% 和 35.90%。其余城市人均人力资本水平的增幅均在 50% ~ 100% 之间。其中，低于均值增幅 67.81% 的城市包括遂宁、德阳和乐山 3 个城市，分别为 50.17%、57.81% 和 67.38%。高于均值增幅的城市则包括重庆、资阳和绵阳 3 个城市，分别为 74.36%、91.98% 和 92.95%，均在 50% 以上。

从成渝城市群各城市 2011—2020 年期间人均人力资本水平的均值来看，自贡、重庆和成都 3 个城市的值相对较高，分别为 109.213、119.701 和 204.993，均在 100 以上。遂宁的值最低，为 47.620。其余包括广安、内江、眉山、泸州、乐山、达州、资阳、德阳、雅安、宜宾、绵阳和南充在内的 12 个城市的人均人力资本水平均值都在 50 ~ 100 之间。从人均人力资本水平的绝对值来看，2011—2020 年期间成都、绵阳、重庆和自贡 4 个城市的人均人力资本水平均在对应年份的均值之上，其值相对较高。与之相反，资阳、遂宁和乐山共 3 个城市的人均人力资本水平则均在对应年份的均值之下，其值相对较低。

表 4-13　2011—2020 年期间成渝城市群各城市人均人力资本水平

成渝	2011 年	2012 年	2013 年	2014 年	2015 年	2016 年	2017 年	2018 年	2019 年	2020 年
成都	53.995	70.360	131.703	91.916	142.779	152.384	157.295	174.571	198.868	204.993
自贡	104.834	112.801	122.456	112.904	91.380	118.917	128.372	135.597	122.774	109.213
泸州	53.470	51.122	67.559	74.090	71.979	70.018	70.069	80.260	94.362	66.216
德阳	50.673	62.455	72.645	68.705	79.127	85.628	91.362	103.649	67.688	79.968
绵阳	57.370	68.873	81.617	83.674	97.220	106.027	110.231	121.118	103.089	110.695
遂宁	35.804	39.817	40.176	42.026	43.246	55.790	50.674	60.643	54.260	53.768
内江	64.989	64.003	66.052	83.989	82.134	68.275	63.602	51.601	56.343	58.470
乐山	43.311	51.413	55.486	53.403	63.577	51.921	72.371	73.847	75.616	72.496
南充	51.165	65.195	70.131	63.292	86.857	86.583	87.886	102.082	145.678	120.708
眉山	26.149	52.602	59.117	43.270	93.781	68.704	59.570	60.997	42.659	62.544
宜宾	73.947	84.623	87.790	76.028	84.652	79.768	70.046	97.683	118.620	100.495
广安	38.601	41.588	62.648	59.849	43.683	55.596	65.505	106.879	44.219	34.132
达州	55.465	56.542	55.747	68.155	68.715	71.705	66.334	75.302	75.226	72.878
雅安	34.186	58.733	90.893	98.565	105.610	102.294	97.746	85.378	52.711	87.744
资阳	39.847	38.873	50.547	43.874	52.376	43.540	44.193	59.455	69.227	76.498
重庆	68.651	123.634	131.607	135.943	136.944	89.424	115.829	99.373	123.466	119.701
均值	53.279	65.165	77.886	74.980	84.004	81.661	84.443	93.027	90.300	89.407

综合上述分析可以发现，2000—2010 年期间长三角、珠三角、京津冀、长江中游和成渝城市群内部各城市人均人力资本水平均值的增幅依次是 220.49%、376.74%、217.59%、107.18% 和 205.43%，2011—2020 年期间对应的值则分别是 113.35%、148.49%、95.92%、40.19% 和 67.81%。通过比较可知，2000—2010 年这一期间各大城市群内部所有城市人均人力资本水平均值的增幅都高于 2011—2020 年期间所对应的值。同时，2000—2010 年和 2011—2020 年两个期间五大城市群内部所有城市人均人力资本水平均值的增幅排序从大到小均为珠三角城市群、长三角城市群、京津冀城市群、成渝城市群和长江中游城市群。从各年份五大城市群内部各城市人均人力资本水平的均值来看，2000 年长三角城市群内各城市的人均人力资本水平均值为 18.907，与同年度珠三角城市群内各城市的人均人力资本水平均值 18.878 十分接近，前者仅高出 0.029。2003 年长三角城市群内各城市的人均人力资本水平均值为 31.736，与同年度长江中游城市群内各城市的人均人力资本水平均值 31.310 十分接近，两者仅相差 0.426。同时，2003 年京津冀城市群内各城市的人均人力资本水平均值为 23.025，与同年度成渝城市群内各城市的人均人力资本水平均值 23.588 十分接近，后者仅比前者高出 0.563。在 2011—2020 年这一期间，2011 年京津冀城市群内各城市的人均人力资本水平均值为 51.894，与同年度长江中游城市群内各城市的人均人力资本水平均值 51.103 十分接近，前者仅高出 0.791。

4.2.2　质量型人口红利结果分析

（1）省级行政区层面实证分析

省级行政区层面的质量型人口红利根据前文公式（4-6）进行估算。前文省级行政区层面人均人力资本水平测算过程中已经对省级行政区层面的就业人数、物质资本存量两个变量、人均人力资本水平的数据来源及计算过程做了详细解释，本部分不再赘述。省级行政区层面的历年人均国内生产总值、总人口数、外商直接投资和公共财政支出的相关数据均来源于《中国统计年鉴》及各省、自治区、直辖市历年统计年鉴公布的数据。据此，就业人口数与总人口数之比即为就业人口占比的值。人均国内生产总值变量用人均国内生产总值指数予以平减，折算成以 2000 年为基期的值。在纳入公式（4-6）进行估算时，为了降低内生性等一些因素对模型准确性可能产生的不良影响，外商直接投资和公共财政支出两个变量均通过除以总人数的形式获得人均值，并用获得的人均值再除以所有样本省级行政区对应变量的总体人均水平，最终得到占比值纳入模型中进行测算。由于纳入模型的均是当年度对应变量占所有样本省级行政区的占比，因此对于外商直接投资和公共财政支出这两个变量的原始值无须再进行以2000 年为基期的折算。按照上述方法，省级行政区层面纳入模型变量的样本基本情况如表 4-14 所示。

表 4-14　省级行政区层面样本数据基本情况

指标	定义	最小值	最大值	均值	标准差
ppGDP	样本省市人均国内生产总值/元	2 759.000	164 889.000	36 466.267	28 672.693
ph	样本省市人均人力资本水平	0.892	18.159	4.247	2.709
pfdi	样本省市外商直接投资/亿美元	0.040	357.600	57.085	69.435
ppf	样本省市公共财政支出/亿元	60.838	17 430.790	2 972.353	2 864.148
pk	样本省市物质资本存量/亿元	216.650	42 515.140	5 476.193	6 013.990
ppop	样本省市就业人口数/万人	275.500	7 150.250	2 533.292	1 695.122
ptp	样本省市总人口数/万人	517.000	12 624.000	4 443.649	2 721.637

为了估计的方便，将人均国内生产总值、人均人力资本水平、外商直接投资、公共财政支出均取对数之后纳入模型进行估算，取对数之后的四个指标分别用变量 ppGDPn、phn、pfdin 和 ppfn 表示。同时，基于物质资本存量 pk 来计算人均物质资本存量，取对数之后纳入模型计算，用变量 pkn 表示。就业人口占比则用变量 ppercent 表示，其值等于就业人口数与总人口数的比值，即变量 ppop 与 ptp 的比值，取对数之后纳入模型测算，用变量 ppercentn 表示。表 4-15 展示的是省级行政区层面全部样本的 OLS

模型回归结果和固定效应模型回归结果。模型 1 和模型 2 是基础回归。模型 1 中将所有变量纳入进行线性回归。结果显示除了就业人口占比这一变量不显著之外，其余变量均在 1% 的统计水平上显著。模型 2 在模型 1 的基础之上剔除了就业人口占比变量，结果显示所有的自变量都在 1% 的统计水平上显著，整个模型的拟合优度略有提升。模型 3 和模型 4 是本书测算质量型人口红利的固定效应模型。模型 3 中纳入了所有的自变量，结果显示就业人口占比、人均物质资本存量和外商直接投资这三个变量不显著，其余变量均在 1% 的统计水平上显著。模型 4 根据模型 3 的估算结果对自变量进行调整，结果显示除了人均物质资本存量和外商直接投资这两个变量以外，其余自变量均在不同的统计水平上显著。取对数之后的人均人力资本水平对取对数之后的人均国内生产总值的影响程度为 0.3013。

表 4-15　省级行政区层面全部样本 OLS 和 FE 回归结果

ppGDPn	模型 1	模型 2	模型 3	模型 4
估计方法	OLS	OLS	FE	FE
phn	0.198 7***	0.198 8***	0.283 2***	0.301 3***
ppercentn	0.001 4	—	−0.080 0	−0.088 4*
pkn	0.105 1***	0.105 2***	0.019 0	—
ppfn	0.415 8***	0.415 5***	0.231 5***	0.241 7***
pfdin	0.180 8***	0.180 8***	0.004 7	—
_cons	8.071 7***	8.070 0***	8.600 0***	8.753 8***
N	630	630	630	630
（Adj）R-squared	0.776 4	0.776 7	0.760 6	0.760 2

注：***、** 和 * 分别表示在 1%、5% 和 10% 的统计水平上显著。

表 4-16 展示的是分东、中、西部的省级行政区层面 OLS 模型回归结果和固定效应模型回归结果。模型 1 和模型 2 所对应的都是东、中、西部地带的基础回归。模型 3 和模型 4 则都是对应本书测算的东、中、西部地带质量型人口红利的固定效应模型。

在东部地带样本中，模型 1 中把所有变量纳入进行线性回归。结果显示所有自变量均显著。除了公共财政支出这一变量在 10% 的统计水平上显著之外，其余自变量均在 1% 的统计水平上显著。由于模型 1 中所有自变量均显著，因此不需要构建模型 2 对自变量进行调整。模型 3 的固定效应模型中纳入了所有的自变量，结果显示除了人均物质资本存量这一变量不显著之外，其余变量均显著。其中，公共财政支出这一变量在 5% 的统计水平上显著，人均人力资本水平、就业人口占比和外商直接投资这三个变量在 1% 的统计水平上显著。模型 4 根据模型 3 的估算结果对自变量进行调整，剔除了模型 3 中不显著的自变量人均物质资本存量。结果显示除了公共财政支出这一变量在 5% 的统计水平上显著之外，其余变量均在 1% 的统计水平上显著。从模型 4 的估算结果可以发现，取对数之后的人均人力资本水平对取对数之后的人均国内生产总值的影响程度为 0.243 7。

在中部地带样本中，模型 1 中把所有变量纳入进行线性回归。结果显示除了就业人口占比这一变量之外，其余所有自变量均显著。其中，公共财政支出这一变量在 10% 的统计水平上显著，其余自变量均在 1% 的统计水平上显著。模型 2 基于模型 1 的回归结果，剔除了就业人口占比这一自变量，结果显示模型 2 中所有自变量均在 1% 的统计水平上显著。与东部地带类似，模型 3 的固定效应模型中纳入了所有的自变量。结果显示所有自变量均显著。其中，公共财政支出和外商直接投资这两个变量在 5% 的统计水平上显著，人均人力资本水平和就业人口占比这两个变量在 1% 的统计水平上显著。虽然模型 3 中所有自变量均显著，但就业人口占比和人均物质资本存量两个变量的系数均为负值，不符合实际。为了使得模型结果更加具有可靠性，模型 4 中剔除了就业人口占比和人均物质资本存量这两个自变量，调整后的模型 4 结果显示人均物质资本存量、公共财政支出和外商直接投资 3 个变量均在 1% 的统计水平上显著。从模型 4 的估算结果可以发现，取对数之后的人均人力资本水平对取对数之后的人均国内生产总值的影响程度为 0.165 1。

在西部地带样本中，模型 1 中把所有变量纳入进行线性回归。结果显示除了人均人力资本这一变量之外，其余所有自变量均在 1% 的统计水平上显著。模型 2 基于模型 1 的回归结果，剔除了人均物质资本存量这一自变量，结果显示模型 2 中所有自变量均在 1% 的统计水平上显著。与东部地带和中部地带类似，模型 3 的固定效应模型中纳入了所有的自变量。结果显示人均人力资本水平和外商直接投资这两个自变量均不显著。就业人口占比在 5% 的统计水平上显著，而人均物质资本存量和公共财政支出则在 1% 的统计水平上显著。由于模型 3 的估算结果并不理想，因此，基于模型 3 的估算结果构建模型 4 进行进一步的估计。模型 4 中剔除了就业人口占比、人均物质资本存量和外商直接投资这三个自变量，结果显示人均人力资本水平和公共财政支出这两个变量均在 1% 的统计水平上显著。基于模型 4 的估算结果可以发现，取对数之后的人均人力资本水平对取对数之后的人均国内生产总值的影响程度为 0.161 2。

表 4-16　省级行政区层面东、中、西部样本 OLS 和 FE 回归结果

地区	ppGDPn	模型 1	模型 2	模型 3	模型 4
	估计方法	OLS	OLS	FE	FE
	phn	0.162 8***	—	0.282 3***	0.243 7***
	ppercentn	0.586 7***	—	0.184 1**	0.230 3***
东部	pkn	0.233 0***	—	−0.046 0	—
	ppfn	0.123 4*	—	0.080 7**	0.072 5**
	pfdin	0.093 5***	—	0.042 3***	0.046 5***
	_cons	7.339 8***	—	9.843 0***	9.450 6***
	N	231	—	231	231
	（Adj）R-squared	0.882 2	—	0.822 5	0.820 6
	估计方法	OLS	OLS	FE	FE
	phn	0.145 2***	0.137 9***	0.367 1***	0.165 1***
	ppercentn	−0.084 4	—	−0.266 8***	—
中部	pkn	0.066 8***	0.062 6***	−0.126 3***	—
	ppfn	0.123 4*	0.164 7***	0.256 1**	0.451 8***
	pfdin	0.068 9***	0.064 0***	0.034 2**	0.040 9***
	_cons	8.149 1***	8.256 9***	9.620 6***	8.897 5***
	N	168	168	168	168
	（Adj）R-squared	0.609 0	0.609 8	0.801 4	0.779 5

续表

地区	ppGDPn	模型 1	模型 2	模型 3	模型 4
	估计方法	OLS	OLS	FE	FE
西部	phn	0.283 6***	0.282 6***	−0.073 0	0.161 2**
	ppercentn	−0.499 7***	−0.521 9***	0.210 8**	—
	pkn	−0.005 4	—	0.422 6***	0.193 1**
西部	ppfn	0.469 6***	0.457 7***	0.185 8***	0.206 1
	pfdin	0.048 6***	0.049 1***	0.015 6	—
	_cons	8.365 3***	8.301 7***	5.155 4***	6.857 9***
	N	231	231	231	231
	（Adj）R-squared	0.659 3	0.660 7	0.810 1	0.795 7

注：***、** 和 * 分别表示在 1%、5% 和 10% 的统计水平上显著。

表 4-17 显示了分为 2000—2010 年和 2010—2020 年两个时期的省级行政区层面 OLS 模型回归结果和固定效应模型回归结果。模型 1 和模型 2 所对应的都是 2000—2010 年和 2010—2020 年的基础回归。模型 3 和模型 4 则都是对应本书测算的两个时期质量型人口红利的固定效应模型。

2000—2010 年的样本中，模型 1 中把所有变量纳入进行线性回归。结果显示除了就业人口占比这一变量不显著之外，其余自变量均在 1% 的统计水平上显著。模型 2 基于模型 1 的回归结果，剔除了就业人口占比这一变量。调整后的模型显示所有自变量均在 1% 的统计水平上显著。模型 3 的固定效应模型中纳入了所有的自变量，结果显示就业人口占比和外商直接投资这两个变量不显著，其余变量均在 1% 的统计水平上显著。模型 4 根据模型 3 的估算结果对自变量进行调整，剔除了模型 3 中不显著的自变量就业人口占比和外商直接投资。结果显示除了公共财政支出这一变量在 5% 的统计水平上显著之外，其余变量均在 1% 的统计水平上显著。从模型 4 的估算结果可以发现，取对数之后的人均人力资本水平对取对数之后的人均国内生产总值的影响程度为 0.131 3。

在 2010—2020 年的样本中，模型 1 中把所有变量纳入进行线性回归。与前一个时期类似，结果显示除了就业人口占比这一变量不显著之外，其余自变量均在 1% 的统计水平上显著。模型 2 基于模型 1 的回归结果，剔除了就业人口占比这一变量。调整后的模型显示所有自变量均在 1% 的统计水平上显著。模型 3 的固定效应模型中纳入了所有的自变量，结果显示所有的自变量均显著。其中，外商直接投资这一变量在 5% 的统计水平上显著，人均人力资本水平、就业人口占比、人均物质资本存量和公共财政支出这些变量均在 1% 的统计水平上显著。虽然模型 3 中所有自变量均显著，但就业人口占比和人均物质资本存量两个变量的系数均为负值，不符合实际。为了使得模型结果更加具有可靠性，模型 4 中剔除了就业人口占比和人均物质资本存量这两个自变量，调整后的模型结果显示人均人力资本水平、公共财政支出和外商直接投资 3 个变量均在 1% 的统计水平上显著。从模型 4 的估算结果可以发现，取对数之后的人均人力资本水平对取对数之后的人均国内生产总值的影响程度为 0.091 2。

表 4-17　省级行政区层面 2000—2010 年、2010—2020 年

样本 OLS 和 FE 回归结果

时期	ppGDPn	模型 1	模型 2	模型 3	模型 4
	估计方法	OLS	OLS	FE	FE
	phn	0.237 1***	0.241 9***	0.115 4***	0.131 3***
	ppercentn	0.087 0	—	0.094 0	
2000—2010 年	pkn	0.084 2***	0.089 1***	0.311 1***	0.301 9***
	ppfn	0.372 3***	0.353 5***	0.080 8***	0.071 8**
	pfdin	0.194 0***	0.195 7***	−0.009 8	
	_cons	8.315 4***	8.208 9***	6.097 4***	6.117 3***
	N	330	330	330	330
	（Adj）R-squared	0.825 4	0.825 7	0.831 3	0.830 0
	估计方法	OLS	OLS	FE	FE
	phn	0.290 8***	0.290 2***	0.356 3***	0.091 2***
	ppercentn	−0.048 5	—	−0.368 4***	
2010—2020 年	pkn	0.157 0***	0.155 0***	−0.313 6***	
	ppfn	0.414 4***	0.422 6***	0.255 0***	0.342 8***
	pfdin	0.166 4***	0.165 7***	0.018 9**	0.027 3***
	_cons	7.338 1***	7.386 4***	11.681 3***	9.184 8***
	N	330	330	330	330
	（Adj）R-squared	0.700 0	0.700 9	0.412 0	0.549 7

　　注：***、** 和 * 分别表示在 1%、5% 和 10% 的统计水平上显著。为了保持两个时间段年份个数的一致性，特将 2010 年同时出现在两个时间段中，划分为 2000—2010 年和 2010—2020 年两个时期。

（2）城市层面实证分析

城市层面的质量型人口红利根据前文公式（4-6）进行估算。前文已经测算出城市层面的人均物质资本存量和人均人力资本水平。考虑到各大城市历年平减指数存在不同程度的缺失，获取所有城市研究期间全部年份的平减指数有一定难度。参照高春亮（2020）的方法，各城市历年国内生产总值平减指数用对应城市所属省级行政区的历年国内生产总值平减指数进行表征，用以测算以2000年为基期的人均国内生产总值。模型测算所需的就业人口数和总人口数来源于历年《中国城市统计年鉴》中"劳动力与就业""劳动力就业状况"等项目的相关信息，个别缺失值用插值法弥补。其中，就业人口数为"各城市年末单位从业人员"和"各城市城镇私营和个体从业人员"之和。总人口为各个城市的总人口数。外商直接投资数据来源于历年《中国城市统计年鉴》地级市统计资料中的"利用外资情况"或"外商直接投资"相关数据，公共财政支出数据来源于历年《中国城市统计年鉴》中的"财政""财政金融""地方财政一般预算内收支状况""地方公共财政收支状况""地方一般公共预算收支状况"项目的相关信息，个别缺失值用插值法弥补。为了提高估算模型结果的准确性，与省级行政区层面的做法类似，将外商直接投资和公共财政支出两个变量以人均值占所有样本城市人均值的占比纳入模型进行测算。根据上述方法，城市层面纳入模型变量的样本基本情况如表4-18所示。

表4-18　城市层面样本数据基本情况

指标	定义	最小值	最大值	均值	标准差
cpGDP	样本城市人均国内生产总值/元	2 556.940	203 489.000	42 559.709	36 469.634
ch	样本城市人均人力资本水平	5.150	611.710	62.645	60.585
cfdi	样本城市外商直接投资/亿美元	0.000	308.256	12.927	25.993
cpf	样本城市公共财政支出/亿元	0.947	8 351.536	394.401	807.017
ck	样本城市物质资本存量/万元	49.835	78 441.625	5 674.198	8 159.483
cpop	样本城市就业人口数/万人	6.926	1 551.440	143.485	196.067
ctp	样本城市总人口数/万人	69.000	3 428.000	533.408	395.169

　　为了方便估计，与省级行政区层面的做法类似，本部分将人均国内生产总值、人均人力资本水平、外商直接投资、公共财政指出均取对数之后纳入模型进行估算，取对数之后的四个指标分别用变量 cpGDPn、chn、cfdin 和 cpfn 表示。同时，基于物质资本存量 ck 来计算人均物质资本存量，取对数之后纳入模型计算，用变量 ckn 表示。就业人口占比则用变量 cpercent 表示，其值等于就业人口数与总人口数的比值，即变量 cpop 与 ctp 的比值，取对数之后纳入模型测算，用变量 cpercentn 表示。表 4–19 展示的是城市层面全部样本的 OLS 模型回归结果和固定效应模型回归结果。模型 1 和模型 2 是基础回归。模型 1 中把所有变量纳入进行线性回归。结果显示除了人均物质资本存量这一变量不显著之外，其余变量均在 1% 的统计水平上显著。然而，人均人力资本水平对人均国内生产总值的影响是负向的。模型 2 在模型 1 的基础之上剔除了就业人口占比和人均物质资本存量两个变量，结果显示人均人力资本水平、公共财政支出和外商直接投资这 3 个变量都在 1% 的统计水平上显著。模型 3 和模型 4 是本书测算质量型人口红利的固定效应模型。模型 3 中纳入了所有的自变量，结果显示除了核心自变量人均人力资本水平不显著之外，其余变量均在 1% 的统计水平上显著。模型 4 根据模型 3 的估算结果对自变量进行调整，剔除了就业人口占比这一变量。结果显示人均人力资本水平、人均物质资本存量、公共财政支出和外商直接投资这四个变量均在 1% 的统计水平上显著。从模型 4 的估算结果可以发现，取对数之后的人均人力资本水平对取对数之后的人均国内生产总值的影响程度为 0.055 1。

表 4-19　城市层面全部样本 OLS 和 FE 回归结果

cpGDPn	模型 1	模型 2	模型 3	模型 4
估计方法	OLS	OLS	FE	FE
chn	−0.170 0***	0.041 1***	−0.011 3	0.055 1***
cpercentn	0.460 5***	−	0.125 8***	−
ckn	0.010 2	−	0.126 9***	0.133 1***
cpfn	0.304 6***	0.424 7***	0.091 3***	0.101 1***
cfdin	0.102 6***	0.171 0***	0.028 4***	0.322 9***
_cons	10.870 6***	9.464 8***	9.142 2***	8.667 3***
N	1 932	1 932	1 932	1 932
(Adj) R-squared	0.824 6	0.783 2	0.916 2	0.896 2

注：***、** 和 * 分别表示在 1%、5% 和 10% 的统计水平上显著。

表 4-20 显示了分为五大城市群的城市层面的 OLS 模型回归结果和固定效应模型回归结果。模型 1 和模型 2 所对应的都是长三角城市群、珠三角城市群、京津冀城市群、长江中游城市群和成渝城市群的基础回归。模型 3 和模型 4 则都是对应本书测算的五大城市群质量型人口红利的固定效应模型。

长三角城市群中，模型 1 中把所有变量纳入进行线性回归。结果显示所有自变量均显著。然而，人均物质资本存量和核心自变量人均人力资本水平对于人均国内生产总值的影响均为负值，与实际不符合。为了使得模型结果更加具有可靠性，模型 2 中剔除了就业人口占比和人均物质资本存量这两个自变量。调整后的模型结果显示人均人力资本水平、公共财政支出和外商直接投资 3 个变量均在 1% 的统计水平上显著。模型 3 的固定效应模型中纳入了所有的自变量，结果显示除了人均人力资本水平这一核心自变量不显著之外，其余变量均在 1% 的统计水平上显著。模型 4 根据模型 3 的估算结果对自变量进行调整，剔除了就业人口占比和人均物质资本存量这 2 个自变量，结果显示人均人力资本水平、公共财政支出和外商直接投资这 3 个变量均在 1% 的统计水平上显著。从模型 4 的估算结果可以发现，取对数之后的人均人力资本水平对取对数之后的人均国内生产总值的影响程度为 0.101 5。

珠三角城市群中，模型 1 中把所有变量纳入进行线性回归。结果显示除了人均物质资本存量这一变量不显著之外，其余变量均在 1% 的统计水平上显著。然而，核心自变量人均人力资本水平虽然在 1% 的统计水平上显著，但其对于人均国内生产总值的影响为负值，与实际不符合。为了使得模型结果更加具有可靠性，模型 2 中剔除了人均物质资本存量和外商直接投资这两个自变量。调整后的模型结果显示纳入模型的所有自变量均显著。其中，核心自变量人均人力资本水平在 5% 的统计水平上显著，而就业人口占比和公共财政支出这 2 个变量均在 1% 的统计水平上显著。与模型 1 的估算结果类似，核心自变量人均人力资本水平虽然在 1% 的统计水平上显著，但其对于人均国内生产总值的影响仍为负值，与实际不符合。模型 3 的固定效应模型中纳入了所有的自变量，结果显示人均人力资本水平、就业人口占比和外商直接投资这 3 个变量不显著，公共财政支出这一自变量在 10% 的统计水平上显著，人均物质资本存量则在 5% 的统计水平上显著。模型 4 根据模型 3 的估算结果对自变量进行调整，剔除了外商直接投资这个自变量，结果显示人均人力资本水平、就业人口占比、人均物质资本存量和公共财政支出这 4 个变量均在 1% 的统计水平上显著。从模型 4 的估算结果可以发现，取对数之后的人均人力资本水平对取对数之后的人均国内生产总值的影响程度为 0.456 6。

京津冀城市群中，模型 1 中把所有变量纳入进行线性回归。与珠三角城市群类似，结果显示除了人均物质资本存量这一变量不显著之外，其余变量均在 1% 的统计水平上显著。然而，核心自变量人均人力资本水平虽然在 1% 的统计水平上显著，但其对于人均国内生产总值的影响为负值，与实际不符合。为了使得模型结果更加具有可靠性，模型 2 中剔除了人均物质资本存量这个自变量。调整后的模型结果显示所有纳入模型的自变量均在 1% 的统计水平上显著。但核心自变量人均人力资本水平对于人均国内生产总值的影响仍为负值。模型 3 的固定效应模型中纳入了所有的自变量，结果显示外商直接投资这一变量不显著，人均人力资本水平、就业人口占比、人均物质资本存量和公共财政支出这 4 个变量均在 1% 的统计水平上显著。模型 4 根据模型 3 的估算结果对自变量进行调整，剔除了外商直接投资这个自变量，结果显示其余所有自变量均在 1% 的统计水平上显著。从模型 4 的估算结果可以发现，取对数之后的人均人力资本水平对取对数之后的人均国内生产总值的影响程度为 0.144 4。

长江中游城市群中，模型 1 中把所有变量纳入进行线性回归。结果显示所有的自变量均在 1% 的统计水平上显著。然而，核心自变量人均人力资本水平虽然在 1% 的统计水平上显著，但其对于人均国内生产总值的影响为负值，与实际不符合。为了使得模型结果更加具有可靠性，模型 2 中剔除了就业人口占比、公共财政支出和外商直接投资这 3 个自变量。调整后的模型结果显示纳入模型的所有自变量均显著。其中，核心自变量人均人力资本水平在 5% 的统计水平上显著，人均物质资本存量在 1% 的统计水平上显著。此时虽然核心自变量人均人力资本水平对于人均国内生产总值的影响为正值，但整个模型调整后的拟合优度相对较低。模型 3 的固定效应模型中纳入了所有的自变量，结果显示公共财政支出和核心自变量人均人力资本水平 2 个自变量不显著，外商直接投资这一变量在 5% 的统计水平上显著，就业人口占比和人均物质资本存量这 2 个自变量均在 1% 的统计水平上显著。模型 4 根据模型 3 的估算结果对自变量进行调整，剔除了就业人口占比和公共财政支出这 2 个自变量，结果显示人均人力资本水平、人均物质资本存量和外商直接投资 3 个自变量均在 1% 的统计水平上显著。从模型 4 的估算结果可以发现，取对数之后的人均人力资本水平对取对数之后的人均国内生产总值的影响程度为 0.116 7。

成渝城市群中，模型 1 中把所有变量纳入进行线性回归。结果显示除了核心自变量人均人力资本水平不显著之外，其他所有的自变量均在 1%

的统计水平上显著。然而，核心自变量人均人力资本水平对人均国内生产总值的影响为负值，也与实际不符合。为了使得模型结果更加具有可靠性，模型 2 中剔除了就业人口占比这一自变量，调整后的模型结果显示纳入模型的人均人力资本水平、人均物质资本存量、公共财政支出和外商直接投资这 4 个变量均在 1% 的统计水平上显著。模型 3 的固定效应模型中纳入了所有的自变量，结果显示就业人口占比和外商直接投资 2 个自变量不显著，人均物质资本存量、公共财政支出和核心自变量人均人力资本水平这 3 个自变量均在 1% 的统计水平上显著。模型 4 根据模型 3 的估算结果对自变量进行调整，剔除了就业人口占比这个自变量。结果显示人均人力资本水平、而人均物质资本存量和公共财政支出这 3 个自变量均在 1% 的统计水平上显著，外商直接投资这个自变量则在 10% 的统计水平上显著。从模型 4 的估算结果可以发现，取对数之后的人均人力资本水平对取对数之后的人均国内生产总值的影响程度为 0.092 0。

表 4-20 城市层面五大城市群样本 OLS 和 FE 回归结果

城市群	cpGDPn	模型 1	模型 2	模型 3	模型 4
	估计方法	OLS	OLS	FE	FE
	chn	−0.185 7***	0.088 5***	−0.004 5	0.101 5***
	cpercentn	0.509 7***	—	0.119 9***	—
长三角城市群	ckn	−0.132 2***	—	0.079 8***	—
	cpfn	0.266 4***	0.399 0***	0.121 8***	0.160 8***
	cfdin	0.144 0***	0.176 4***	0.051 8***	0.077 0***
	_cons	11.593 8***	9.370 2***	9.565 4***	9.269 0***
	N	546	546	546	546
	（Adj）R-squared	0.797 8	0.725 7	0.885 2	0.865 1
	估计方法	OLS	OLS	FE	FE
	chn	−0.154 8***	−0.103 0**	−0.011 4	0.456 6***
	cpercentn	0.359 8***	0.324 6***	−0.061 0	0.410 8***
珠三角城市群	ckn	−0.028 6	—	0.071 4**	0.451 3***
	cpfn	0.486 3***	0.404 9***	0.081 0*	0.157 6***
	cfdin	−0.105 4***	—	−0.003 9	—
	_cons	11.016 3***	10.632 5***	9.764 4***	7.964 0***
	N	189	189	189	189
	（Adj）R-squared	0.714 9	0.707 3	0.181 5	0.828 6

续表

城市群	cpGDPn	模型 1	模型 2	模型 3	模型 4
京津冀城市群	估计方法	OLS	OLS	FE	FE
	chn	−0.135 5***	−0.112 6***	0.143 7***	0.144 4***
	cpercentn	0.448 3***	0.417 9***	−0.177 3***	−0.183 1***
	ckn	0.030 9	—	0.066 9***	0.064 7***
	cpfn	0.197 2***	0.197 2***	0.096 1***	0.094 7***
	cfdin	0.108 9***	0.116 1***	−0.007 6	
	_cons	10.691 9***	10.677 3***	8.220 6***	8.225 1***
	N	273	273	273	273
	（Adj）R−squared	0.779 2	0.781 9	0.384 8	0.384 3
长江中游城市群	估计方法	OLS	OLS	FE	FE
	chn	−0.230 0***	0.062 9**	−0.006 7	0.116 7***
	cpercentn	0.523 2***	—	0.240 7***	
	ckn	0.043 5***	0.290 0***	0.137 9***	0.168 1***
	cpfn	0.182 5***	—	0.020 8	
	cfdin	0.120 4***	—	0.020 6**	0.033 6***
	_cons	10.890 2***	7.792 4***	9.010 1***	8.034 1***
	N	588	588	588	588
	（Adj）R−squared	0.778 4	0.297 1	0.888 2	0.721 9
成渝城市群	估计方法	OLS	OLS	FE	FE
	chn	−0.033 9	0.111 4***	0.069 7***	0.092 0***
	cpercentn	0.307 9***	—	0.038 7	
	ckn	0.080 9***	0.060 7***	0.199 0***	0.200 9***
	cpfn	0.096 5***	0.178 9***	0.058 7***	0.057 9***
	cfdin	0.065 2***	0.101 9***	0.009 5	0.010 9*
	_cons	9.486 8***	8.520 1***	7.905 5***	7.734 8***
	N	336	336	336	336
	（Adj）R−squared	0.731 6	0.673 1	0.797 5	0.796 8

注：***、** 和 * 分别表示在 1%、5% 和 10% 的统计水平上显著。

表 4-21 展示的是分 2000—2010 年和 2010—2020 年两个时期的城市层面 OLS 模型回归结果和固定效应模型回归结果。与省级行政区层面的研究类似，模型 1 和模型 2 所对应的都是 2000—2010 年和 2010—2020 年的基础回归。模型 3 和模型 4 则都是对应本文测算的五大城市群两个时期质量型人口红利的固定效应模型。

在 2000—2010 年这一时期的样本中，模型 1 中把所有变量纳入进行线性回归。结果显示纳入模型的所有自变量均在 1% 的统计水平上显著，但核心自变量人均人力资本水平虽然在 1% 的统计水平上显著，但其对于人均国内生产总值的影响为负值，与实际不符合。模型 2 基于模型 1 的回归结果，剔除了就业人口占比和公共财政支出这 2 个变量。调整后的模型显示所有自变量均在 1% 的统计水平上显著。核心自变量人均人力资本水平对于人均国内生产总值的影响为正。模型 3 的固定效应模型中纳入了所有的自变量，结果显示人均人力资本水平和公共财政支出这两个变量不显著，其他变量均在 1% 的统计水平上显著。由于核心自变量人均人力资本水平不显著，模型 4 根据模型 3 的估算结果对自变量进行调整，剔除了就业人口占比和公共财政支出 1 个自变量，结果显示人均人力资本水平、人均物质资本存量和外商直接投资 3 个变量均在 1% 的统计水平上显著。从模型 4 的估算结果可以发现，取对数之后的人均人力资本水平对取对数之后的人均国内生产总值的影响程度为 0.077 7。

在 2010—2020 年这一时期的样本中，模型 1 中把所有变量纳入进行线性回归。结果显示人均物质资本存量这一变量在 5% 的统计水平上显著，人均人力资本水平、就业人口占比、公共财政支出和外商直接投资这 4 个变量均在 1% 的统计水平上显著。与前一个时期类似，核心自变量人均人力资本水平虽然在 1% 的统计水平上显著，但其对于人均国内生产总值的影响为负值，与实际不符合。模型 2 基于模型 1 的回归结果，剔除了就业人口占比和人均物质资本存量这 2 个变量。调整后的模型显示人均人力资本水平、公共财政支出和外商直接投资这 3 个自变量均在 1% 的统计水平上显著。模型 3 的固定效应模型中纳入了所有的自变量，结果显示外商直接投资这个变量不显著，其余所有的自变量均在 1% 的统计水平上显著。与前类似，核心自变量人均人力资本水平对于人均国内生产总值的影响为负值，与实际不符合。为了使得模型结果更加具有可靠性，模型 4 中剔除了就业人口占比、人均物质资本存量和公共财政支出这 3 个自变量，调整后的模型结果显示核心自变量人均人力资本水平在 5% 的统计水平上显著，外商直接投资这个变量在 1% 的统计水平上显著。从模型 4 的估算结果可以发现，取对数之后的人均人力资本水平对取对数之后的人均国内生产总值的影响程度为 0.027 0。

表 4-21　城市层面 2000—2010 年、2010—2020 年

样本 OLS 和 FE 回归结果

时期	cpGDPn	模型 1	模型 2	模型 3	模型 4
	估计方法	OLS	OLS	FE	FE
	chn	−0.133 4***	0.157 4***	0.023 5	0.077 7***
	cpercentn	0.502 6***	—	0.119 0***	—
2000— 2010 年	ckn	0.203 7***	0.287 9***	0.239 5***	0.237 4***
	cpfn	0.178 1***	—	−0.005 8	—
	cfdin	0.108 2***	0.266 9***	0.018 8***	0.022 1***
	_cons	10.220 8***	8.141 7***	8.610 1***	8.209 8***
	N	1 012	1 012	1 012	1 012
	(Adj)R−squared	0.847 8	—	0.872 2	0.782 4
	估计方法	OLS	OLS	FE	FE
	chn	−0.086 2***	0.103 0***	−0.062 6***	0.027 0**
	cpercentn	0.411 5***	—	0.112 2***	—
2010— 2020 年	ckn	0.041 7**	—	0.033 3**	—
	cpfn	0.476 8***	0.645 3***	0.247 6***	—
	cfdin	0.063 9***	0.117 9***	0.003 4	0.034 9***
	_cons	10.301 9***	9.182 7***	9.722 4***	9.288 0***
	N	1 012	1 012	1 012	1 012
		0.817 8	0.779 8	0.830 7	0.725 9

注：***、** 和 * 分别表示在 1%、5% 和 10% 的统计水平上显著。为了保持两个时间段年份个数的一致性，特将 2010 年同时出现在两个时间段中，划分为 2000—2010 年和 2010—2020 年两个时期。

（3）质量型人口红利影响效应

基于前文省级行政区层面和城市层面人均人力资本水平对人均国内生产总值影响的模型分析，本部分对两个层面质量型人口红利的影响效应展开对比分析并予以总结，具体如表 4-22 和表 4-23 所示。表 4-22 展示的是 2000—2020 年研究期间内省级行政区层面质量型人口红利的影响效应。从表中可以发现，从总体上看省级行政区层面人均人力资本水平对数值对

人均国内生产总值对数值的影响系数为 0.301 3，因此人均人力资本水平对人均国内生产总值的质量型人口红利效应为 1.351 6。

分地区来看，东部地带人均人力资本水平对数值对人均国内生产总值对数值的影响系数为 0.243 7，因此人均人力资本水平对人均国内生产总值的质量型人口红利效应为 1.276 0。中部地带人均人力资本水平对数值对人均国内生产总值对数值的影响系数为 0.165 1，因此人均人力资本水平对人均国内生产总值的质量型人口红利效应为 1.179 5。西部地带人均人力资本水平对数值对人均国内生产总值对数值的影响系数为 0.161 2，因此人均人力资本水平对人均国内生产总值的质量型人口红利效应为 1.174 9。由此可见，在东、中、西部三大经济地带中，东部地带的质量型人口红利效应相对较高，而中部和西部地带的质量型人口红利效应水平较为类似。从数值上看，中部地带的质量型人口红利要略微高一点。东部地带质量型人口红利效应在三大经济带中相对较高的原因一方面可能是由于该地区人均人力资本水平相对较高引起的，另一方面则可能是因为经济生产过程中由于技术水平较高，从而对现有各类生产要素的高效率利用所带来的。

分时期来看，2000—2010 年这一时期省级行政区层面人均人力资本水平对数值对人均国内生产总值对数值的影响系数为 0.131 3，因此人均人力资本水平对人均国内生产总值的质量型人口红利效应为 1.140 3。2010—2020 年这一时期省级行政区层面人均人力资本水平对数值对人均国内生产总值对数值的影响系数为 0.091 2，因此人均人力资本水平对人均国内生产总值的质量型人口红利效应为 1.095 5。比较这两个时期的质量型人口红利效应可以发现，2000—2010 年这一时期与 2010—2020 年这一时期质量型人口红利效应较为接近，2000—2010 年这一时期的值略微偏高。究其原因，可能是因为虽然人均人力资本水平等跟质量型人口红利息息相关的因素在不断提升，但当前尚未对这些有利于获取质量型人口红利的关键要素充分利用起来。未来有待进一步提升人力资本等关键要素的利用率，以充分发挥经济发展过程中的质量型人口红利效应。

表 4-22　2000—2020 年省级行政区层面质量型人口红利影响效应分析

	人均人力资本水平对数值对人均国内生产总值对数值影响	质量型人口红利效应
全部样本	0.301 3	1.351 6
分地区		
东部地带	0.243 7	1.276 0
中部地带	0.165 1	1.179 5
西部地带	0.161 2	1.174 9
分年份		
2000—2010 年	0.131 3	1.140 3
2010—2020 年	0.091 2	1.095 5

表 4-23 展示的是 2000—2020 年研究期间内城市层面质量型人口红利的影响效应。从表中可以发现，从总体上看城市层面人均人力资本水平对数值对人均国内生产总值对数值的影响系数为 0.055 1，因此人均人力资本水平对人均国内生产总值的质量型人口红利效应为 1.056 6。

分地区来看，长三角城市群人均人力资本水平对数值对人均国内生产总值对数值的影响系数为 0.101 5，因此人均人力资本水平对人均国内生产总值的质量型人口红利效应为 1.106 8。珠三角城市群人均人力资本水平对数值对人均国内生产总值对数值的影响系数为 0.456 6，因此人均人力资本水平对人均国内生产总值的质量型人口红利效应为 1.578 7。京津冀城市群人均人力资本水平对数值对人均国内生产总值对数值的影响系数为 0.144 4，因此人均人力资本水平对人均国内生产总值的质量型人口红利效应为 1.155 3。长江中游城市群人均人力资本水平对数值对人均国内生产总值对数值的影响系数为 0.116 7，因此人均人力资本水平对人均国内生产总值的质量型人口红利效应为 1.123 8。成渝城市群人均人力资本水平对数值对人均国内生产总值对数值的影响系数为 0.092 0，因此人均人力资本水平对人均国内生产总值的质量型人口红利效应为 1.096 4。由此可见，五大城市群中珠三角城市群的质量型人口红利效应相对较高，而成渝城市群的质量型人口红利效应水平相对较低。综合来看，珠三角城市群内部各城市的人均人力资本水平相对较高，各类生产技术相对先进，因此给该地区质量型人口红利的获取创造了良好的条件，质量型人口红利效应的形成也相对更为容易。

分时期来看，2000—2010 年这一时期省级行政区层面人均人力资本水平对数值对人均国内生产总值对数值的影响系数为 0.077 7，因此人均人力资本水平对人均国内生产总值的质量型人口红利效应为 1.080 8。2010—2020 年这一时期省级行政区层面人均人力资本水平对数值对人均国内生产总值对数值的影响系数为 0.027 0，因此人均人力资本水平对人均国内生产总值的质量型人口红利效应为 1.027 4。比较这两个时期的质量型人口红利效应可以发现，与省级行政区层面的研究结果类似，虽然 2000—2010 年这一时期与 2010—2020 年这一时期质量型人口红利效应较为接近，但是 2000—2010 年这一时期的值依然略微偏高。究其原因，可能是因为虽然五大城市群各个城市的人均人力资本水平在逐步提高，但是人力资本水平是否得到了有效利用这个问题值得进一步研究。如何一方面持续地提升与质量型人口红利息息相关的人力资本水平等核心要素，另一方面又如何高效率地去使用人力资本这些核心资源以充分发挥出质量型人口红利效应，这是后期值得进一步去重点关注的问题。

表 4-23　2000—2020 年城市层面质量型人口红利影响效应分析

	人均人力资本水平对数值对人均国内生产总值对数值影响	质量型人口红利效应
全部样本	0.055 1	1.056 6
分地区		
长三角城市群	0.101 5	1.106 8
珠三角城市群	0.456 6	1.578 7
京津冀城市群	0.144 4	1.155 3
长江中游城市群	0.116 7	1.123 8
成渝城市群	0.092 0	1.096 4
分年份		
2000—2010 年	0.077 7	1.080 8
2010—2020 年	0.027 0	1.027 4

第5章 创新资源集聚经济效应研究

5.1 创新资源集聚与质量型人口红利

5.1.1 创新资源集聚有利于获取质量型人口红利

中国经济在过去的几十年中通过大量的劳动力和资本等生产要素的投入实现了高速增长。受到劳动年龄人口优势逐渐丧失、环境规制、资本报酬率难以提升等因素的影响,自 2011 年以来,中国经济增速逐步放缓。当前中国经济已经由依靠劳动和资本等要素投入的高速增长阶段转向高质量发展阶段。党的十九大报告指出,要"提高全要素生产率""不断增强我国的经济创新力和竞争力"。中国经济实现高质量发展的关键在于提升全要素生产率。全要素生产率又称之为技术进步率,体现的是剔除因资本、劳动、土地等生产要素投入产生的经济增长贡献之后的余值,进一步可以分解为包含技术进步、技术进步效率变化率、规模效应等多个部分。由此可见,由各类创新活动带来的技术进步、要素配置效率的改进以及规模效应,都会促进全要素生产率的提升。全要素生产率的高低与劳动生产率水平息息相关,决定着一个国家或地区经济能否实现可持续增长和高质量发展。

全要素生产率的提升离不开各类科技创新活动及创新产出，而创新活动的开展则离不开研发人员、研发经费、研发技术等创新资源的投入。劳动力受教育程度的提升，是各类创新活动开展的微观基础。创新资源的水平对全要素生产率的提升和地区经济增长起着至关重要的作用，成为各个地区提升竞争力的核心。不同地区一般通过加大人才、资金、技术等创新资源投入力度和利用各类优惠政策条件吸引外部创新资源流入两种渠道提升地区创新资源水平。创新资源在不同地区之间的流动促进了创新资源集聚现象的形成。创新资源的集聚对经济增长起到的推动作用，在一定程度上也促进了质量型人口红利的获取。

5.1.2　创新资源集聚对全要素生产率的影响机理

当前已有国内外文献关于创新资源集聚的相关研究主要集中在以下几个方面：一是创新资源集聚的内涵与构成以及创新资源集聚形成的研究；二是创新资源集聚的估算方法及水平测度；三是创新资源集聚所产生的影响分析。从第一个方面来看，一部分学者认为创新资源包括人才和资本两个维度（周元元、冯南平，2015），另一部分学者则将技术要素作为构成要素之一同时纳入创新资源中（赖一飞 等，2016；吴卫红 等，2020）。此外，还有学者将创新资源拓展至人才、资金、技术、研发等多个维度（池仁勇 等，2014）。关于创新资源集聚的形成，Krugman（1991）、Crescenzi 和 Storper（2007）等学者认为创新资源集聚是在地理空间分布上的重新配置，受到运输成本、规模经济等诸多因素的影响。陈菲琼、韩莹（2009）则认为创新资源集聚以产业集聚为前提，通常被视为是基于高技术基础之上的产业集聚。

关于创新资源集聚度的估算，一类是根据创新资源所包含人力、资本等维度，分别找对应的数据用于计算研发人员集聚度和研发资金集聚度（卓

乘风 等，2017；王淑英 等，2020）；第二类是构建多级指标体系，把人力、资金等作为创新资源的一级指标，再分别基于每个一级指标构建多个二级指标，综合性地测度创新资源集聚的水平（吴卫红 等，2020；池仁勇 等，2014）。第三类是基于创新资源的人力、资本等维度采用区位熵方法测算创新资源集聚的水平（周元元 等，2015；周杰文 等，2018）。此外，童纪新、李菲（2015）采用 AI 指数模型衡量创新资源中的科技人才集聚水平。

创新资源集聚研究的焦点在于其所产生的影响，主要分为三类：一是创新资源集聚对产业结构升级的影响。吴福象、沈浩平（2013）的研究发现人力资本创新资源空间集聚能够促进产业结构升级。Hopenhayn（2014）认为作为创新资源之一的技术要素会推动产业结构升级。二是创新资源集聚对创新绩效产生的影响，这是学界研究的重点内容。一般认为，创新资源集聚对创新绩效有正向促进作用。Baptista 和 Swann（1998）的研究发现创新资源集聚水平更高的企业创新绩效更佳。Shum 和 Lin（2010）、池仁勇等（2014）、连蕾和卢山冰（2015）、Herliana（2015）等学者的实证研究进一步验证了类似的观点，而唐根年等（2009）学者则认为过度的创新资源集聚反而不利于创新绩效的提升。同时，有一大部分学者则认为创新资源集聚对创新绩效的正向促进作用并不是绝对的，两者之间的关系不会一成不变。余泳泽、刘大勇（2013）的研究认为创新资源集聚对科研机构、高校以及企业等不同主体创新效率的影响分别呈现出负向、不显著和正向影响，其影响方向因创新主体而异。邹文杰（2015）利用中国 20 年的数据研究发现，研发要素集聚与研发效率之间并非是简单的正向或负向线性关系，而是呈现出倒 U 形的非线性关系。卓乘风等（2017）、吴卫红等（2020）学者的研究进一步验证了创新资源集聚对创新绩效影响的这种先升后降的关系。三是创新资源集聚对区域经济增长的影响。赖一飞等（2016）认为创新资源集聚会通过促进区域创新能力的提高带来经济增长。类似地，杨博旭等（2020）认为创新资源集聚带来的知识交流与融合有利于技术创新能力提升，从而促进经济增长。王淑英等（2020）认为创新资源集聚通过提升科技创新能力作用于地区经济增长的数量和质量。创新资源集聚被诸多学者认为是经济增长和发展的内驱力或相邻地区间逐次实现经济增长的关键途径（高丽娜 等，2011；刘和东，2013）。在创新资源集聚对劳动生产率提升的影响方面，张月玲等（2016）的研究发现资本聚集和技能劳动集聚基于不同途径提升劳动生产率。张斯琴、张璞（2017）的实证结果显示，创新资源集聚对当地及毗邻城市的劳动生产率均有明显的促进作用。

综合现有国内外文献对创新资源集聚以及经济增长的研究，可以发现创新资源集聚对全要素生产率的影响主要有以下几个渠道：一是人才、资金、技术等创新资源集聚为知识和技术的交流与创新准备了条件，有利于技术创新与进步，从而提高全要素生产率，促进经济增长。二是创新资源集聚能够产生外溢效应，有利于新技术的推广与应用，促进技术创新效率提升，对全要素生产率的提高和经济的高质量发展起到推动作用。三是创新资源集聚能够在集聚区域内破除协同创新的各种壁垒，降低合作创新的交易成本，收获规模报酬递增产生的收益，有效提升全要素生产率。

5.2　创新资源集聚度与全要素生产率测算

本部分以国家创新型试点城市为例探讨创新资源集聚对全要素生产率的影响。原因在于中国自 2008 年开始推进国家创新型试点城市建设至今已有十多年的时间。国家创新型试点城市更加关注创新在提升其核心竞争力中的重要作用，更加注重知识、人才、技术等创新资源的水平。在政府的各项政策引导下，国家创新型试点城市较其他城市更容易吸引到各类创新资源，提升当地创新资源水平，带来创新资源集聚。由此孕育的集聚效应能够在一定程度上提高地区创新水平，进而影响地区全要素生产率。

创新资源集聚对于全要素生产率究竟能产生多大程度的影响？影响

方向是正向的还是负向的？创新资源集聚与全要素生产率之间存在何种关系？能否利用创新资源集聚来促进全要素生产率的提升？这些都值得去探究。鉴于数据可获性等因素，选择深圳、广州、西安、合肥、济南、贵州、郑州、太原、东莞、长春、佛山、石家庄、潍坊、宜昌、银川、龙岩、吉林、遵义、南阳、长沙共20个国家创新型试点城市作为样本进行研究。通过对创新资源集聚度、全要素生产率等关键指标的测算，构建系统GMM模型对创新资源集聚与全要素生产率之间的关系进行探讨，旨在解决前述提出的一系列问题，并提出有针对性的政策建议。

5.2.1 创新资源集聚度测算

借鉴已有的相关研究，本书对于创新资源集聚度的测度采用指标综合测度法。创新资源主要分为人力要素、财力要素和技术要素三个指标，根据数据的可得性，分别用2009—2018年期间的人员全时当量、经费支出、专利申请数数据表征。创新资源集聚度取决于这三个指标的综合值，具体采用熵值法进行测算。

按照熵值法的基本操作步骤，首先分别计算研究期间内每一年份创新要素每个指标中各个城市的值所占的比重（Z_{ij}），计算公式如式（5-1）所示。其中，$i = 1, 2, 3$ 代表创新要素集的三个指标，$j = 1, 2, \cdots, n$ 代表深圳、广州、西安、合肥、济南、贵州、郑州、太原、东莞、长春、佛山、石家庄、潍坊、宜昌、银川、龙岩、吉林、遵义、南阳、长沙共20个城市。X_{ij} 代表每个指标的原始值，数据来源于历年《中国统计年鉴》以及各个城市的统计年鉴。

$$Z_{ij} = \frac{X_{ij}}{\sum_{j=1}^{n} X_{ij}} \qquad (5-1)$$

其次，依据 Z_{ij} 计算每一年份创新资源每一指标的熵值（P_i），计算公式如式（5-2）所示。

$$P_i = \frac{-\sum\limits_{j=1}^{n} Z_{ij} \ln(Z_{ij})}{\ln n} \tag{5-2}$$

再次，计算研究期间内每一年份创新资源每个指标对应的权数（W_i），如公式（5-3）所示。

$$W_i = \frac{1 - P_i}{\sum\limits_{i=1}^{3}(1 - P_i)} \tag{5-3}$$

最后，计算每一年份样本城市创新资源的综合值（D_j），即创新资源集聚度，如公式（5-4）所示。

$$D_j = \sum_{i=1}^{3} W_i \cdot X_{ij} \tag{5-4}$$

根据上述创新资源集聚度的测算方法，2009—2018 年期间 20 个国家创新型试点城市的创新资源集聚度如表 5-1 所示。从测算结果来看，深圳的创新资源集聚度最高，其次是广州，而银川、遵义、龙岩等城市的创新资源集聚度则相对较低。

表 5-1　2009—2018 年不同创新型试点城市创新资源集聚度

	2009 年	2010 年	2011 年	2012 年	2013 年	2014 年	2015 年	2016 年	2017 年	2018 年
深圳	5.767 8	5.402 0	5.403 6	5.122 7	4.972 4	4.163 8	4.799 5	4.879 3	4.983 4	5.474 2
广州	2.274 8	2.136 1	2.239 8	2.090 3	1.994 6	1.858 7	2.212 5	2.371 5	2.299 1	2.457 2
西安	1.179 5	1.324 6	1.401 1	1.470 8	1.577 5	1.315 7	1.500 1	1.117 0	1.345 3	1.007 3
合肥	0.516 3	0.937 2	0.760 4	0.816 2	0.940 7	0.933 5	1.112 7	1.229 6	1.202 1	1.093 2
济南	1.395 0	1.297 5	1.200 9	1.120 3	1.035 8	0.899 6	1.051 9	0.916 1	0.815 7	0.782 6
贵阳	0.256 4	0.243 0	0.263 6	0.269 9	0.306 1	0.334 5	0.233 1	0.243 1	0.269 6	0.276 9
郑州	0.797 5	0.769 9	0.836 7	0.865 3	0.947 7	3.303 3	0.955 6	1.007 7	1.009 4	1.043 5
太原	0.637 6	0.591 5	0.585 6	0.565 1	0.529 2	0.429 4	0.351 4	0.279 2	0.277 1	0.268 9
东莞	1.599 4	1.566 4	1.486 2	1.513 1	1.407 6	1.227 4	1.418 1	1.499 5	1.601 9	1.934 9
长春	0.520 6	0.496 4	0.388 3	0.443 7	0.468 2	0.424 3	0.512 3	0.697 1	0.673 1	0.300 8
佛山	0.957 7	1.128 2	1.179 7	1.274 1	1.258 9	1.131 4	1.183 9	1.162 4	1.260 5	1.304 6
石家庄	0.383 0	0.412 4	0.478 2	0.481 5	0.509 8	0.457 6	0.553 4	0.519 9	0.479 2	0.479 7
潍坊	0.919 9	0.872 2	0.846 5	0.905 4	0.946 1	0.776 9	0.909 5	0.880 6	0.771 8	0.596 0
宜昌	0.246 2	0.246 4	0.309 1	0.334 9	0.329 1	0.298 0	0.389 6	0.450 4	0.313 6	0.368 7

续表

	2009 年	2010 年	2011 年	2012 年	2013 年	2014 年	2015 年	2016 年	2017 年	2018 年
银川	0.096 6	0.070 9	0.074 6	0.091 6	0.113 0	0.108 3	0.119 5	0.112 8	0.114 3	0.112 6
龙岩	0.119 1	0.131 6	0.163 6	0.182 6	0.182 9	0.153 3	0.205 9	0.253 4	0.192 3	0.197 6
吉林	0.561 0	0.538 4	0.493 8	0.561 0	0.531 6	0.477 4	0.511 9	0.499 6	0.380 8	0.244 6
遵义	0.076 1	0.081 2	0.081 4	0.134 2	0.137 9	0.130 5	0.107 6	0.108 1	0.124 3	0.138 2
南阳	0.237 3	0.242 0	0.219 8	0.223 9	0.230 3	0.201 2	0.258 5	0.236 6	0.224 8	0.206 7
长沙	1.092 6	1.165 0	1.199 4	1.141 6	1.111 9	0.970 0	1.154 2	1.062 5	1.125 4	1.137 5

5.2.2　城市全要素生产率测算

（1）测算方法

全要素生产率能够较好地体现地区经济发展水平，目前测算全要素生产率的方法有很多种，包括 SBM 方向性距离函数、基于 Malmquist 生产率指数的 DEA 方法、索罗余值法、增长核算法、基于超越对数生产函数的随机前沿模型、半参数法 OP、LP 等。SBM（slacks-based measure）方向性距离函数一般包含非期望产出，在测算农业全要素生产率、工业环境全要素生产率等类似情况下经常被采用。DEA（data envelopment analysis）即数据包络分析法，是非参数估计法的一种，基于线性规划模型测算相对效率，因其可以具体分解为技术进步变化水平、规模变化水平、技术效率变化水平而应用较为广泛，但是该方法并未将随机误差考虑在整个测算过程中，因此可能会影响最终的效率估计结果。随机前沿模型估算 TFP 属于参数估计法的一种，其优势在于模型中的白噪声可以有效消除随机误差可能带来的影响。随机前沿模型需要事先设定函数的形式，一般有超越对数生产函数和柯布道格拉斯生产函数两种。鉴于超越对数生产函数的形式更为一般化，通常基于超越对数生产函数构建随机前沿模型进行全要素生产率的估算。因为克服了 DEA 方法中不考虑随机误差的缺憾，故采用基于超越对数生产函数的随机前沿模型估算全要素生产率。超越对数生产函数的公式如式（5-5）所示。

$$\ln Y_{it} = \lambda_0 + \lambda_k \ln K_{it} + \lambda_l \ln L_{it} + \lambda_t t + \lambda_{tk} t \ln K_{it} + \lambda_{tl} t \ln L_{it} + \lambda_{kl} \ln K_{it} \ln L_{it}$$
$$+ \frac{1}{2} \Big[\lambda_{kk} \left(\ln K_{it} \right)^2 + \lambda_{ll} \left(\ln L_{it} \right)^2 + \lambda_{tt} t^2 \Big] + v_{it} - \upsilon_{it}$$

$$(5\text{-}5)$$

公式（5-5）中，Y_{it}、K_{it}、L_{it} 分别代表第 i 个城市 t 年国内生产总值、资本投入和劳动投入，以 2009 年为基期。λ_0、λ_k、λ_l、λ_t、λ_{tk}、λ_{tl}、λ_{kl}、λ_{kk}、λ_{ll}、λ_{tt} 为常数项及各变量的参数。v_{it} 为模型的随机误差项，υ_{it} 为技术无效率项，v_{it} 与 υ_{it} 相互独立。

同时，借鉴 Battese & Coelli（1992）的做法，公式（5-5）需同时满足假设条件（5-6）（5-7）（5-8）：

$$v_{it} \in N\left(0, \sigma_v^2\right) \qquad\qquad (5\text{-}6)$$

$$\upsilon_{it} = \upsilon_i \tau_{it} = \upsilon_i \exp[-\tau(t-T)] \in \mathrm{N}^+(\mu, \sigma_\upsilon^2) \qquad (5\text{-}7)$$

$$\mathrm{cov}\left(\upsilon_{it}, v_{it}\right) = 0 \qquad\qquad (5\text{-}8)$$

根据张军等（2009）对于全要素生产率的分析，全要素生产率的计算公式为

$$Y_{it} = \mathrm{TC}_{it} + \mathrm{TEC}_{it} + \delta_{itk} K_{it} + \delta_{itl} L_{it} \qquad (5\text{-}9)$$

公式（5-9）中，δ_{itl} 和 δ_{itk} 分别为劳动以及资本的弹性，可以通过超越对数生产函数（5-5）的计算获得对应的参数估计量，再计算两者的产出弹性。另外，TEC_{it} 和 TC_{it} 的计算公式分别如式（5-10）和（5-11）所示。

$$\mathrm{TEC}_{it} = \tau \upsilon_{it} \qquad\qquad (5\text{-}10)$$

$$\mathrm{TC}_{it} = \lambda_t + \lambda_{tt} t + \lambda_{tk} \ln K_{it} + \lambda_{tl} \ln L_{it} \qquad (5\text{-}11)$$

（2）指标选择与数据来源

产出（Y_{it}）。取各个城市的历年的国内生产总值，并用国内生产总值指数进行平减，折算成以 2009 年为基期的对应值。

资本存量（K_{it}）。借鉴单豪杰（2008）的做法，通过采用永续盘存

法计算获得。永续盘存法的公式如式（4-18）所示，主要涉及基期资本存量（K_{t-1}）、折旧率（φ）和新增固定资产投资（F_t）三个指标的计算和选择。基期资本存量（K_{2009}）通过计算 2010 年的固定资产投资额比上折旧率与研究期间内固定资产投资平均增长率之和的值获得。折旧率（φ）取值为 0.1096。由于城市层面的历年固定资本形成额数据缺失较多，新增固定资产投资（F_t）取前三年固定资产投资的平均值。

$$K_t = K_{t-1}(1-\varphi) + F_t \qquad (5-12)$$

劳动投入（L_{it}）。为了与产出（Y_{it}）及资本存量（K_{it}）等变量在单位上保持一致，劳动投入（L_{it}）取各城市的在职职工工资总额，并通过居民消费价格指数进行平减，折算成以 2009 年为基期的对应值。

以上各个指标计算过程中的数据来自历年《中国统计年鉴》、各城市统计年鉴、《中国劳动统计年鉴》等统计资料。

（3）测算结果

基于上述测算方法，采用 Frontier 4.1 软件进行超越对数生产函数模型的估算，根据不同情况，采取了 M1 ~ M5 五种超越对数生产函数形式。M1 为包含所有变量的基础模型，M2 为只包含的简单模型，M3 为不含时间项（t）的超越对数生产函数模型，M4 为不含时间项（t）与资本、劳动投入交叉项的模型，M5 模型则是在模型 M1 的基础上做的进一步调整。超越对数生产函数不同模型的估计结果如表 5-2 所示。从估算结果来看，模型 M1 和 M3 中的技术效率指数变化率（τ）均不显著，不符合要求。模型 M2 中时间（t）虽然纳入了模型，但估算结果并不显著，而且模型的方差参数（σ^2）的显著性为 10%，相对较弱，因此也并非是理想的模型。模型 M4 中变量 $\ln l$、t、$\frac{1}{2}(\ln l)^2$、$\frac{1}{2}t^2$ 均不显著，不予采用。因此，在模型 M5 估算结果的基础上对其进一步进行检验。

表 5-2 不同形式超越对数生产函数估算结果

变量	系数	M1	M2	M3	M4	M5
截距项	λ_0	9.861 7***	13.417 5***	9.764 0***	17.643 3***	53.438 7***
$\ln l$	λ_l	1.212 6**	0.224 4**	−0.654 0*	−0.317 4	−5.869 9***
$\ln k$	λ_k	−0.170 7	0.074 4**	1.350 1***	0.404 6**	1.406 1**
t	λ_t	0.021 3**	−0.003 3	—	−0.002 2	−0.063 1***
$\ln l \ln k$	λ_{kl}	0.103 2***	—	−0.031 9	0.049 1**	−0.074 2
$t \ln l$	λ_{tl}	−0.002 5***	—	—	—	0.005 4***
$t \ln k$	λ_{tk}	0.000 8**	—	—	—	−0.001 5***
$\frac{1}{2}(\ln l)^2$	λ_{ll}	−0.185 7***	—	0.087 0	−0.036 1	0.441 8***
$\frac{1}{2}(\ln k)^2$	λ_{kk}	−0.080 3***	—	−0.045 3	−0.063 0***	−0.009 5
$\frac{1}{2}t^2$	λ_{tt}	−0.000 1	—	—	−0.000 1	—
σ^2		0.421 1***	0.230 5*	4.496 1***	0.456 0***	0.088 2***
γ		0.992 6***	0.938 5***	122.302 1***	0.993 1***	0.945 8***
μ		1.293 0***	0.906 9***	3.977 2***	1.345 9***	0.577 8***
τ		0.004 1	−0.048 5**	−1.208 1	0.006 5**	0.025 2***
样本数		200	200	200	200	200
对数似然函数值		224.959 7	88.028 0	127.833 9	221.065 0	148.252 1
LR 值		637.214 2***	406.336 3***	481.478 3***	664.352 6***	490.601 1***

注：*、** 和 *** 分别代表在 10%、5% 和 1% 的统计水平上显著。

根据模型 M5 的估算结果，继续采用 Frontier 4.1 软件进一步对模型中无效率函数相关的三个参数进行假设检验，检验结果如表 5-3 所示。从检验结果来看，三个假设的值都在 1% 的显著性水平下拒绝了原假设。这表示研究期间内存在着技术无效率且随时间而变，模型 M5 可用于估算各城市历年的全要素生产率。

表 5-3 假设检验结果

原假设 H_0	df	对数似然值 $L(H_0)$	对数似然值 $L(H_1)$	LR 值	检验结果
$\mu = 0$	1	223.053 2	148.252 1	640.203 3***	拒绝
$\tau = 0$	1	125.306 2	148.252 1	444.709 4***	拒绝
$\mu = \tau = \gamma = 0$	3	222.093 4	148.252 1	638.283 7***	拒绝

注：*、** 和 *** 分别代表在 10%、5% 和 1% 的统计水平上显著。

据此，根据超越对数生产函数的参数估算结果对 2009—2018 年期间 20 个国家创新型试点城市的全要素生产率进行了估计，具体估算结果如表 5-4 所示。从表 5-4 可以发现，城市的全要素生产率在研究期间内表现出相异的发展趋势。对比研究期间内的 2009 年和 2018 年，部分城市的全要素生产率有所提升，如深圳、广州、太原、东莞、佛山、遵义。而部分城市的全要素生产率则有所下降，如西安、合肥、济南、贵阳、郑州、长春、石家庄、潍坊、宜昌、银川、龙岩、吉林、南阳、长沙。

表 5-4 2009—2018 年不同创新型试点城市全要素生产率

	2009 年	2010 年	2011 年	2012 年	2013 年	2014 年	2015 年	2016 年	2017 年	2018 年
深圳	0.201 8	0.544 1	0.795 1	0.548 0	0.940 0	0.432 1	0.372 6	0.347 1	0.396 0	0.447 9
广州	0.257 5	0.584 0	0.932 7	0.515 1	0.391 2	0.462 7	0.335 2	0.267 8	0.377 5	0.343 5
西安	0.404 5	0.656 6	0.888 5	0.586 9	0.521 2	0.455 1	0.374 6	0.287 6	0.295 0	0.271 4
合肥	0.453 3	0.630 3	0.849 0	0.575 7	0.580 5	0.334 6	0.346 5	0.318 0	0.289 0	0.400 3
济南	0.247 4	0.483 6	0.706 6	0.455 7	0.365 3	0.301 2	0.300 6	0.288 7	0.251 8	0.225 5
贵阳	0.340 2	0.629 9	0.931 5	0.668 8	0.658 8	0.482 6	0.386 1	0.327 6	0.320 4	0.295 5
郑州	0.385 0	0.592 8	0.804 6	0.569 3	0.499 2	0.409 5	0.416 9	0.395 0	0.373 0	0.249 3
太原	0.191 8	0.452 8	0.707 2	0.541 5	0.423 8	0.420 7	0.342 6	0.281 2	0.278 5	0.250 0
东莞	0.135 7	0.349 0	0.547 1	0.342 1	0.189 9	0.328 1	0.300 7	0.253 1	0.229 3	0.261 7
长春	0.369 1	0.528 0	0.686 2	0.467 2	0.462 1	0.328 8	0.300 6	0.277 7	0.255 7	0.205 9
佛山	0.223 4	0.429 3	0.677 1	0.446 5	1.226 3	0.335 2	0.300 4	0.286 5	0.254 6	0.267 4
石家庄	0.377 0	0.580 7	0.786 4	0.506 8	0.393 0	0.361 9	0.330 4	0.282 7	0.250 6	0.239 2
潍坊	0.236 5	0.505 0	0.766 1	0.480 1	0.377 0	0.328 6	0.298 1	0.272 8	0.242 2	0.216 2
宜昌	0.355 1	0.545 4	0.806 2	0.568 6	0.469 0	0.452 0	0.419 3	0.363 3	0.262 0	0.127 0
银川	0.314 2	0.486 5	0.703 7	0.473 8	0.393 1	0.342 0	0.322 4	0.290 8	0.246 0	0.192 0
龙岩	0.361 0	0.635 3	0.856 0	0.640 3	0.545 0	0.546 2	0.379 2	0.364 9	0.324 4	0.259 9
吉林	0.323 2	0.485 3	0.569 1	0.381 4	0.279 5	0.260 6	0.231 4	0.216 9	0.165 6	0.123 8
遵义	0.226 8	0.579 9	0.813 0	0.609 0	0.596 9	0.555 9	0.419 5	0.351 2	0.286 0	0.274 3
南阳	0.350 9	0.560 4	0.740 2	0.491 4	0.370 5	0.350 9	0.338 0	0.320 0	0.282 0	0.239 8
长沙	0.387 0	0.612 2	0.842 4	0.568 4	0.421 7	0.373 4	0.333 7	0.291 1	0.281 8	0.236 8

为了进一步考察全要素生产率的变化趋势，对全要素生产率构成部分中的技术进步（TC）和技术进步效率变化率（TEC）展开分析，两者的变化趋势分别如图 5-1 和图 5-2 所示。从图 5-1 可知，整体上各个城市历年技术进步（TC）值变化的范围相对较小，在 0.037 9 ~ 0.055 0 之间，两者之间最大差值为 0.017 1。除了济南、潍坊、龙岩和吉林四个城市之外，其他城市的技术进步（TC）值从 2009—2018 年是上升的。各城市中，深圳和广州历年技术进步（TC）值相对较高，均在 0.05 以上。东莞的变动幅度最大，最大值与最小值之间差距为 0.012 3。银川、龙岩、吉林的变动幅度较为平缓，其中，吉林 2009 年和 2018 年的技术进步（TC）值持平。

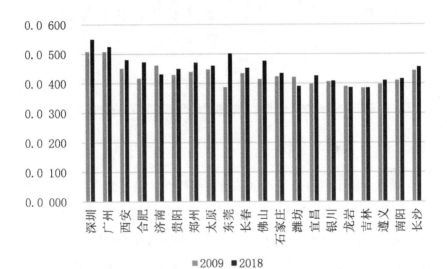

图 5-1　各城市技术进步 TC 历年变化情况

从图 5-2 来看，与各城市技术进步（TC）值的变化趋势截然不同，各城市技术进步效率变化率（TEC）值则表现出较大的差异。研究期间内整体上各个城市历年技术进步效率变化率（TEC）值变化的范围较大，在 0.000 3 到 0.027 0 之间，两者之间差值为 0.026 7。所有城市的技术进步效率变化率（TEC）呈现出下降的趋势。各个城市中，贵阳、银川等城市的技术进步效率变化率（TEC）值相对较高，而长沙历年的（TEC）值则是最低的。

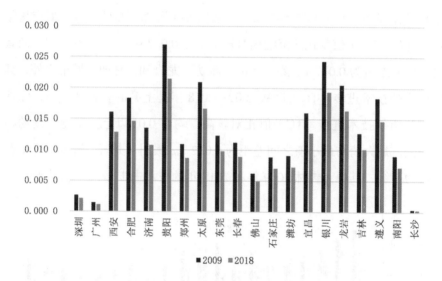

图5-2　各城市技术进步效率变化率 TEC 历年变化情况

5.2.3　Q 型聚类分析

为了进一步了解各个城市创新资源集聚度与全要素生产率的整体情况，将创新资源集聚度和全要素生产率作为变量采用 Q 型聚类分析法进行分析，整个过程采用 SPSS 25.0 软件实现。根据这两个指标，20 个国家创新型试点城市可以分成四个梯队，具体如表 5-5 所示。从表中可以发现，深圳和广州分别位于第一梯队和第二梯队，而第三梯队和第四梯队中所包含的城市相对较多。

表 5-5　基于 Q 型聚类分析法的城市梯队分类

第一梯队	深圳
第二梯队	广州
第三梯队	西安、合肥、济南、郑州、东莞、佛山、潍坊、长沙
第四梯队	贵阳、太原、长春、石家庄、宜昌、银川、龙岩、吉林、遵义、南阳

5.3　创新资源集聚度对全要素生产率的影响

5.3.1　模型构建

选择 2009—2018 年为研究期间，以 20 个国家创新型试点城市为样本城市进行分析和测算。在确定模型和统计方法时，统计学上提供了多种选择，如线性回归分析法 OLS、固定效应模型 FEM、随机效应模型 REM、广义矩估计 GMM 等。广义矩估计 GMM 包含了差分 GMM、水平 GMM 和系统 GMM。本书尝试在构建的模型中加入因变量的滞后一期作为自变量纳入，以克服遗漏变量的问题并同时兼顾全要素生产率的惯性和影响，因此属于动态面板数据模型。由于因变量滞后一期的加入可能导致与模型中的随机扰动项产生相关性，从而导致模型的内生性问题。针对这类模型，差分 GMM 和系统 GMM 较为适用。系统 GMM 是在差分 GMM 基础上发展而来，克服了差分 GMM 问题可能存在的弱工具变量以及估算结果可能存在一定的偏误等问题，因此选用系统 GMM 进行测算。为了比较不同模型的估计效果，书中同时保留了 OLS、FEM、REM 等模型的参数估计结果。构建的系统 GMM 模型如式（5–13）所示。

$$\text{tfp}_{it} = \alpha_0 + \alpha_1 \text{tfp}_{i(t-1)} + \alpha_2 \text{jjd}_{it} + \alpha_3 \text{pGDP}_{it} + \alpha_4 \text{stru}_{it} + \alpha_5 \text{cpopu}_{it} + \alpha_6 \text{fisg}_{it} + \eta_i + \varepsilon_{it}$$

（5–13）

公式（5–13）中，i 代表 20 个样本城市，t 代表 2009—2018 年间的不同年份。tfp_{it} 为全要素生产率；$\text{tfp}_{i(t-1)}$ 为滞后一期的全要素生产率；jjd_{it} 为创新资源集聚度；pGDP_{it} 为人均 GDP；stru_{it} 为产业结构指数；cpopu_{it} 为城市人口规模；fisg_{it} 为政府财政力度。η_i 为不可见的城市效应，ε_{it} 为随机误差项。α_0 为常数项，α_1、α_2、α_3、α_4、α_5、α_6 为各个变量的系数。

5.3.2 变量与数据说明

（1）变量说明

被解释变量：全要素生产率（tfp_{it}）。前面用基于超越对数生产函数的随机前沿模型估算了 2009—2018 年中国 20 个国家创新型试点城市的全要素生产率。

核心解释变量：创新资源集聚度（jjd_{it}）。前文已经基于 R&D 人员全时当量、R&D 经费支出和专利申请数三类数据表征创新资源人力要素、财力要素和技术要素三个指标，利用熵值法测算出各城市历年的创新资源集聚度。

控制变量：为了减少因为遗漏部分变量而肯能对模型的内生性等问题带来影响，借鉴已有国内外文献中考察影响全要素生产率的其他可能因素，综合选择以下控制变量加入到模型中进行估算。第一，人均 GDP（pGDP_{it}），代表城市经济发展水平。第二，产业结构指数（stru_{it}）。产业结构与全要素生产率增长之间存在着密不可分的关系。书中的产业结构指数采取的是配第克拉克关于该指数的界定，即

$$\text{stru}_{it} = \omega_{1it} + 2\omega_{2it} + 3\omega_{3it} \qquad (5\text{--}14)$$

公式（5–14）中，ω_{1it}、ω_{2it}、ω_{3it} 分别代表各个城市每一年份三次产业占 GDP 的比值。第三，城市人口规模（cpopu_{it}），用城市年末常住人口数表示。第四，政府财政力度（fisg_{it}），代表政府干预水平，用各城市历年政府财政支出占所在城市 GDP 的比值表示。

（2）数据来源

被解释变量和核心解释变量的数据来源已在前文的计算过程中进行了说明。控制变量的原始数据主要来自研究期间内各年份的《中国统计年鉴》以及各省份、各城市的统计年鉴。基于此，模型中各变量的描述性统计分析如表 5-6 所示。

表 5-6　变量描述性分析

变量	定义	均值	标准差	最大值	最小值
tfp_{it}	全要素生产率	0.423	0.183	1.226	0.124
jjd_{it}	创新资源集聚度	0.978	1.111	5.768	0.071
$pgdp_{it}$	人均 GDP	4.390	2.309	12.119	1.240
$stru_{it}$	产业结构指数	2.401	0.134	2.687	2.074
$cpopu_{it}$	城市人口规模	707.231	270.995	1 302.660	170.184
$fisg_{it}$	政府财政支出占 GDP 比值	0.151	0.057	0.372	0.055

5.3.3　回归结果与分析

采用 Stata 15.0 软件对模型进行估计,不同类型的模型估计结果如表 5-7 所示。其中,模型 N1 为 OLS 回归的结果,模型 N2 为固定效应模型的结果,模型 N3 为随机效应模型的结果。可以观察到,这三个模型的估计结果很不理想。模型 N2 的核心解释变量不显著,模型 N1 和 N3 的核心解释变量显著性水平都在 10% 的范围内,同时还有较多其他变量也不显著。

模型 N4 ~ N6 为一步系统 GMM 回归结果。系统 GMM 估计有一步 GMM 估计和两步 GMM 估计两种。两种方法各有优劣,据张建、李占风(2020)和周鹏飞等(2019)等学者的研究,一步 GMM 估计不易发生被估参数标准差的偏误,两步 GMM 估计则有利于弱化异方差和序列自相关等估计中可能出现的问题。结合本书的实际,选择一步 GMM 估计方法。同时,模型估计过程中使用稳健标准误以克服异方差问题。模型 N4 为基于一步 GMM 方法的估计结果。可以发现,AR(2)检验的 p 值为 0.120,在 10% 的统计学水平上不显著。这说明模型二阶序列不相关,即有效解决了模型的内生性问题。同时,Hansen 检验的结果显示接受变量设置的过度设别假设,显示出模型工具变量的合理性。从模型中变量的显著性来看,被解释变量的滞后一期 $tfp_{i(t-1)}$、核心解释变量创新资源集聚度(jjd_{it})、产业结构指数($stru_{it}$)等变量均在不同统计水平上显著。因此,模型 N4 的设置基本合理。

为了检验模型 N4 的合理性，第一，参照张建、李占风（2020）的方法，通过分别去掉全要素生产率（tfp_{it}）数据中 1% 的极大值和极小值重新构建模型 N5 进行一步系统 GMM 回归，以验证模型 N4 的稳健性。结果显示，模型 N5 的估算结果跟模型 N4 的结果基本一致，由此验证了模型 N4 结果的可靠性。第二，在模型 N6 中加入核心自变量创新资源聚集度（jjd_{it}）的二次项，结果显示核心解释变量（jjd_{it}）和其二次项不显著，这表明核心解释变量创新资源聚集度（jjd_{it}）与被解释变量全要素生产率（tfp_{it}）之间不存在 U 形或倒 U 形关系。由此可知，进一步验证了模型 N4 的稳定性。

进一步对模型 N4 的实证结果进行分析。第一，全要素生产率的滞后一期 $\text{tfp}_{i(t-1)}$ 在 1% 的统计水平上显著且其系数为正，显示出各城市的全要素生产率（tfp_{it}）受到滞后一期 $\text{tfp}_{i(t-1)}$ 的影响。这说明全要素生产率（tfp_{it}）存在着惯性作用。

第二，核心解释变量（jjd_{it}）在 5% 的统计水平上显著且其系数为正。这意味着研究期间内 20 个国家创新型试点城市的数据显示各城市的创新资源集聚度（jjd_{it}）会对该城市的全要素生产率（tfp_{it}）产生正向促进作用。究其原因，可能是因为国家创新型城市的建设有利于人力、资金、技术等创新资源的集聚，而各类创新资源在特定城市的集聚为技术创新与进步提供了良好的环境，并通过外溢效应和规模效应提升城市全要素生产率。U 形或倒 U 形关系未得到验证的原因可能是这些城市创新资源集聚水平正处于有效促进全要素生产率提升的阶段。

第三，产业结构指数（stru_{it}）在 1% 的统计水平上显著且其系数为负，说明产业结构指数（stru_{it}）对全要素生产率存在着负向的影响。这可能是因为当前城市的服务业部门生产效率普遍不高、服务业的扩张导致部分劳动力由较高生产率的其他部门转移到服务业导致的全要素生产率的降低。已有的其他研究也证实了这一点，江永红和陈嘉楠（2018）的研究发现

2008—2016 年期间不少省份的产业结构指数与全要素生产率之间存在负向关系。杨向阳等（2019）的实证分析中同样得出产业结构指数对全要素生产率的系数显著为负，由此认为产业结构服务化并没有提升全要素生产率。

表 5-7　不同模型回归结果

变量	N1 OLS	N2 FEM	N3 REM	N4 系统 GMM	N5 系统 GMM	N6 系统 GMM
tfp(−1)	0.459*** （6.70）	0.171** （2.42）	0.459*** （6.70）	0.420*** （4.76）	0.468*** （6.70）	0.412*** （4.71）
jjd	0.033* （1.78）	−0.004 （−0.09）	0.033* （1.78）	0.055** （2.39）	0.041** （1.98）	0.122 （1.54）
jjd 二次项	—	—	—	—	—	−0.010 （−0.96）
pgdp	0.007 （0.83）	−0.070 （−1.37）	0.007 （0.83）	0.004 （0.40）	0.004 （0.40）	−0.001 （−0.06）
stru	−0.361*** （−2.88）	−1.959*** （−6.32）	−0.361*** （−2.88）	−0.528*** （−3.22）	−0.485*** （−2.89）	−0.594*** （−3.32）
cpopu	−0.001 （−1.04）	−0.001** （−2.50）	−0.001 （−1.04）	−0.001 （−1.10）	−0.001* （−1.67）	−0.001 （−1.37）
fisg	0.144 （0.59）	−0.168 （−0.30）	0.145 （0.59）	−0.107 （−0.28）	−0.147 （−0.46）	0.030 （0.07）
常数项	1.054*** （3.74）	6.068*** （7.77）	1.054*** （3.74）	1.514*** （3.95）	1.439*** （3.61）	1.654*** （4.00）
AR(2)	—	—	—	1.56 （0.120）	0.49 （0.623）	1.56 （0.120）
Hansen	—	—	—	19.83 （1.000）	19.83 （1.000）	19.62 （1.000）

注：根据模型的不同，自变量括号内为 t 值或 z 值，模型 N4、N5 和 N6 的 AR（2）检验和 Hansen 检验括号中则为 p 值，***、** 和 * 分别在 1%、5% 和 10% 的统计水平上显著。

5.4　发挥创新要素集聚效应的途径

根据 20 个国家创新型试点城市 2009—2018 年的数据，估算了各城市历年的创新资源集聚度和全要素生产率，并采用一步系统 GMM 估计对创新资源集聚影响全要素生产率的问题展开了实证分析。主要得出以下研究结论：第一，基于 Q 型分类法的结果显示，综合创新资源集聚度和全要素生产率水平，深圳和广州分别属于第一、二梯队，西安、合肥、济南、郑州、东莞、佛山、潍坊、长沙属于第三梯队，其余城市属于第四梯队。第二，创新资源集聚能够通过溢出效应和规模效应正向促进全要素生产率的提升和质量型人口红利的获取。其他文献中关于创新资源聚集度与全要素生产率之间的 U 形或倒 U 形关系并未在书中得到验证。第三，全要素生产率受到其滞后一期的影响，表明全要素生产率存在着持续性的影响及惯性作用。第四，产业结构指数对全要素生产率存在着显著的负向作用。提升产业结构指数需要与促进产业结构高级化相匹配，才能有效提升城市的全要素生产率。

为了更好地发挥创新要素集聚对全要素生产率的促进作用和更好地收获质量型人口红利，以及提升质量型人口红利水平，结合上述研究结论，提出以下几点促进创新要素集聚经济效应发挥的途径：一是要继续通过加大政府在人力、资金、技术等创新资源方面的投资力度以及促进创新资源在不同地区和城市间的流动来推进创新资源在特定地区的集聚水平，为全要素生产率的提升和质量型人口红利获取提供前提和基础；二是通过不同创新资源的集聚促进新技术的创造以及吸收、转化应用与扩散，为新的产品及服务的形成以及劳动效率的提升创造有利条件，通过溢出效应提升地区及城市的全要素生产率；三是要打破各个地区和城市之间的壁垒，创造良好的环境促进不同地区和城市在人力、资金、技术等创新资源方面的交流与合作，节省交易成本，有效通过规模效应实现协同创新，合作共赢，共同实现全要素生产率提升的目标；四是在单纯地提升产业结构指数未必有利于全要素生产率的提升，提升产业结构指数的同时更应该关注产业结构高级化的水平，两者相互匹配才能真正促进全要素生产率的提高。

第 6 章　结论与展望

6.1　研究结论

在前面的研究内容中，我们分别对数量型、结构型和质量型人口红利的人口基础进行了分析，并在此基础上分别构建了模型，测算了研究期间内三种不同类型的人口红利水平。除了结构型人口红利水平是基于省级行政区层面展开测算的之外，数量型人口红利和质量型人口红利水平均是从省级行政区层面和城市群层面两个维度展开研究的。本部分将对三种类型的人口红利研究结果进行总结。

6.1.1　数量型人口红利研究结论

①从总体层面来看，数量型人口红利的人口基础受到老年抚养比上升和少儿抚养比先下降后上升的影响，研究期间内总抚养比先下降后上升。在此影响下，国内生产总值在波动中上升，增长率先上升后下降。

在 2000—2019 年期间，老年抚养比总体呈上升趋势，少儿抚养比呈先下降后上升的趋势。在这两者的共同作用下，总抚养比也呈现出先下降后上升的趋势。与此相对应，同一研究期间内国内生产总值在波动中逐渐上升，其增长率呈现出先上升后下降的趋势。可以发现，研究期间内国内生产总值的变化趋势与少儿抚养比和总抚养比的变化趋势存在一定程度的相关性。具体来说，2000—2019年这二十年间，老年抚养比由2000年的9.9%增至2019年的17.8%，增幅为79.8%。少儿抚养比在2000—2010年期间呈下降趋势，而在2011—2019年期间呈上升趋势，增幅为7.69%。总抚养比从2000年的42.6%下降到2010年的34.2%，又从2011年的34.4%上升到2019年的41.5%。在2010年之前，随着少儿抚养比和总抚养比的下降，GDP的增长率整体上呈上升趋势。然而，在2011年之后，随着少儿抚养比和总抚养比的上升，GDP的增长率整体上呈下降趋势。

②基于五大城市群来看数量型人口红利的人口基础，研究期间内珠三角城市群的抚养负担相对较小，人口年龄结构优势较为明显，因此收获数量型人口红利的机会相对较多。而成渝城市群的抚养比相对较高，人口年龄结构相对缺乏优势，因此收获数量型人口红利的机会相对要小。

可以发现，2000年五大城市群各类抚养比之间存在较大的差异。从总抚养比来看，成渝城市群的总抚养比均值相对较大，数量型人口红利获取的可能性较之其他城市群要小一些。与此同时，珠三角城市群的总抚养比均值相对较小，数量型人口红利获取的可能性较之其他城市群则要大一些。珠三角城市群较小的分位数数值进一步验证了其城市群内部各城市人口年龄结构相对年轻，劳动年龄结构优势明显，收获数量型人口红利的概率相对较高。从抚养比的结构来看，珠三角城市群少儿抚养比和老年抚养比的均值及各个分位数所对应的值均相对较小，说明珠三角城市群的少儿负担压力和老年负担压力均相对较小，再次证明珠三角城市群在2000年获取数量型人口红利的概率相对较大。2010年珠三角城市群的人口年龄结构优势依然存在，在五大城市群中最有可能获取数量型人口红利，红利的收获期相对较长。相反地，成渝城市群的人口年龄结构优势却比不上其他四个城市群，人口抚养负担相对较重，收获数量型人口红利的概率相对较低。

这种趋势在2020年继续维持，即在少儿抚养比和老年抚养比的共同作用下，珠三角城市群各城市的人口年龄结构优势仍然明显优于其他四个城市群，收获数量型人口红利的可能性最大。由于老年抚养比偏高，成渝城市群内部各城市的人口年龄结构劣势最为明显，获取数量型人口红利的人口基础相对较差。

③从全国层面数量型人口红利的水平来看，2000—2020年期间数量型人口红利水平呈现出倒U形的曲线，整个研究期间内，2010年全国数量型人口红利水平最高。分地区来看，研究期间内大部分地区的数量型人口红利水平也呈现出倒U形的变化趋势，即在波动中先上升后下降。

从全面层面的数据来看，2010年之前，数量型人口红利水平呈现出一个波动式增长过程，在2010年之后，数量型人口红利水平呈现出逐步下降的态势，2020年的数量型人口红利水平为历年最低值。2000—2020年期间，数量型人口红利水平变动范围在7.04%～14.49%之间。分地区来看，2000—2020年期间，华东地区各省级行政区的数量型人口红利水平最高值主要出现在2010—2012年之间，整个研究期间，数量型人口红利水平呈现出波动中上升和波动中下降的趋势。这主要是因为早期高出生率下出生的少儿人口逐步进入到劳动年龄阶段，为华东地区的经济发展提供了较为丰富的劳动力资源。华南地区从总体上看，2000—2020年期间三个省级行政区的数量型人口红利水平均有较大幅度的变动，经过一定程度的上升之后最终趋于下降。华中地区的3个省级行政区在2000—2020年期间的数量型人口红利水平呈现出倒U形的变化趋势，各省级行政区数量型人口红利水平的最高值与最低值相差较大。华北地区的5个省级行政区之间的数量型人口红利水平存在着一定的差异，在整个研究期间内，各省级行政区2020年的数量型人口红利水平均要低于2000年。西北地区的5个省级行政区的数量型人口红利曲线总体上呈现出倒U形的趋势，其中陕西省的数量型人口红利水平整体上在西北地区是最高的。研究期间内其最高值为 2010 年的 17.04%，最低值为 2001 年的 7.42%，两者相差 9.62%。西南地区的 5 个省级行政区在 2000—2020 年期间数量型人口红利的变化幅度相对较大。其中，贵州省历年的数量型人口红利水平为最低，其他 4 个省级行政区的数量型人口红利呈现出不断波动的趋势。与前面几个地区明显不同的是，东北地区 3 个省级行政区在 2000—2020 年期间的数量型人口红利水平变动较为平缓，其最高值非常接近，最高值出现的年份也很相近，3 个省级行政区的数量型人口红利水平的最低值则均出现在 2020 年。

④基于五大城市群来看数量型人口红利的水平，各城市群大部分城市数量型人口红利水平均在 2010 年达到峰值。自 2010 年起，数量型人口红利水平开始逐步下降。

除个别城市之外，长三角城市群、珠三角城市群、京津冀城市群、长江中游城市群和成渝城市群内各城市数量型人口红利水平的最高值均出现在 2010 年。具体来看，2000 年、2010 年和 2020 年 3 个年份中，长三角城市群各城市数量型人口红利水平的最高值均出现在 2010 年。与长三角城市群类似，珠三角城市群的 8 个城市的数量型人口红利水平最高值均出现在 2010 年。然而，这 3 个年份中深圳市的数量型人口红利水平分别为 29.55%、27.96% 和 22.03%，最高值出现在 2000 年。京津冀城市群内各城市 2010 年的数量型人口红利水平最高，其次是 2000 年，而 2020 年则是最低的。长江中游城市群三个年份中各个城市数量型人口红利水平最高的是 2010 年。其中武汉市的数量型人口红利水平位居各年份之首。除自贡市之外，成渝城市群的其他 15 个城市在这三个年份的数量型人口红利水平呈现先上升后下降的趋势，即 2010 年的数量型人口红利水平最高。

6.1.2　结构型人口红利研究结论

①从总体层面看结构型人口红利的人口基础，全国及各省、自治区、直辖市的流动人口占比和城镇化率均呈逐渐上升的态势，全国各省、自治

区、直辖市收获结构型人口红利的人口条件良好。

流动人口规模方面，五普、六普和七普三次人口普查数据显示，全国层面及 31 个省、自治区、直辖市的流动人口占比呈持续上升的趋势，表明我国流动人口的规模日趋庞大。这为劳动力要素在不同地区的优化配置和结构型人口红利的获取提供了良好的条件。其中，第一阶段 2000—2010 年期间，大部分省级行政区呈现出省外流动人口规模增加的现象，说明此时结构型人口红利的获取主要来自跨省份的流动。而第二阶段 2010—2020 年期间，绝大部分省级行政区呈现出省内流动人口增加的现象，表明此时结构型人口红利获取的主要来源由跨省级行政区的流动转向省内不同地区间劳动力的流动。从城镇化率看，全国及各省、自治区、直辖市的城镇化率随着时间推移总体上呈逐步增长的趋势。五普、六普和七普期间，全国人口城镇化率分别为 36.22%、49.68% 和 63.89%，两个阶段的增长率分别是 37.16% 和 28.60%。

②基于五大城市群的城镇化水平来看，五普、六普和七普三次人口普查数据显示，五大城市群的城镇化水平在不同程度上均得到了提升。

从总体上看，五普、六普和七普数据均显示珠三角城市群的城镇化率水平最高，其次是长三角城市群，成渝城市群的城镇化水平最低，京津冀城市群和长江中游城市群的城镇化水平介于中间。这在一定程度上说明成渝城市群未来需要进一步提升其城镇化水平以收获结构型人口红利。

③基于结构型人口红利水平来看，研究期间内全国层面的结构型人口红利水平呈现出在波动中上升的趋势。各省、自治区、直辖市的结构型人口红利水平各有差异，2001—2010 年期间出现了结构型人口红利为负值的现象，而 2011—2020 年期间的结构型人口红利则为正值。

全国层面结构型人口红利水平最低的年份是 2001 年，其值为 0.040%，而最高的是 2020 年，其值为 5.044%。最高值同最低值之间相差了 5.004%。在 2001—2010 年期间，30 个省、自治区、直辖市的结构型人口红利水平呈现出分布不均衡的状态。2001 年全国 30 个省、自治区、直辖市的结构型人口红利水平的平均值为负值，其值为 −0.053%。2001 年度超过一半的省、自治区、直辖市的结构型人口红利水平小于零，出现了结构型人口红利负利的现象。与前一阶段结构型人口红利水平的变化趋势类似，2011—2020 年期间各省、自治区、直辖市的结构型人口红利水平仍然呈现出分布不均衡的态势。但不同的是，2011—2020 年期间所有年份的结构型人口红利均值都要大于零，并呈现出在波动中上升的趋势。也即这一阶段各省、自治区、直辖市整体上收获了结构型人口红利，结构型人口红利的水平在波动中得以不断提升。

6.1.3　质量型人口红利研究结论

①从总体上看，全国及省级行政区层面的健康人力资本水平不断提升，各省级行政区之间的健康人力资本水平差距逐步缩小。

五普、六普和七普三次人口普查的数据显示，总体上全国及省级行政区层面表征健康人力资本水平之一的指标婴儿死亡率随着时间的推移逐步在降低。对比婴儿死亡率处于相对高位和相对低位的省级行政区，五普的数据显示各省级行政区之间的婴儿死亡率存在较大的差距，而六普和七普的数据则显示这种差距正在逐步缩小。类似地，全国及省级行政区层面的数据显示从总体上看表征健康人力资本水平的另一指标孕产妇死亡率也随着时间的推移逐步在降低。随着医疗水平的不断提高，大部分省级行政区的婴儿死亡率和孕产妇死亡率正在逐步下降且不同省级行政区之间对应指标的差距在持续缩小。由此可见，各省级行政区之间的健康人力资本水平差距不断变小，这有利于缩小不同省级行政区之间质量型人口红利水平的差异。

②从总体上看，全国层面和五大城市群层面的教育人力资本水平不断提升。全国层面的教育人力资本水平在不同年龄组之间差异较大，整体呈

现出两头低、中间高的态势。五大城市群之间的教育人力资本水平也存在差异，但差异并不大。然而，五大城市群内部各个城市之间的教育人力资本水平差异相对较大。由此在一定程度上说明了五大城市群内部各城市之间在收获质量型人口红利时会存在某种水平的差异。

三次人口普查的数据显示，2000 年全国人均受教育年限为 7.62 年，2010 年为 8.76 年，2020 年为 9.46 年。随着人们对教育重要性认知的不断提升，全国整体人均受教育年限呈现出逐步上升的趋势。在较低年龄组中，6 ～ 9 岁和 10 ～ 14 岁年龄组的人均受教育年限相对较低。而在较高年龄组中，50 ～ 54 岁、55 ～ 59 岁、60 ～ 64 岁、65 岁及以上这几个年龄组的人均受教育年限也相对较低。六普和七普的数据显示，五大城市群在 2020 年的人均受教育程度均值均要高于 2010 年。从总体上看，2010 年和 2020 年，五大城市群的人均受教育程度均值最高值均属珠三角城市群，其值分别为 9.93 年和 10.63 年，最低值均属成渝城市群，其值分别为 8.31 年和 9.02 年。珠三角城市群和成渝城市群内部城市人均受教育年限的差异在五大城市群中相对较小，其他的三个城市群内部城市人均受教育年限的差异相对较大。

③基于省级行政区层面的质量型人口红利水平来看，研究期间内总体上存在着正向的质量型人口红利效应。分地区看，东、中、西部三大经济地带中东部地带的质量型人口红利效应相对较高，而中部和西部地带的质量型人口红利效应水平较为类似。分时期看，前一阶段 2000—2010 年与后一阶段 2010—2020 年的质量型人口红利效应较为接近，2000—2010 年这一时期的值略微偏高。

从总体上看，2000—2020 年期间省级行政区层面的质量型人口红利效应为 1.351 6。从三大经济地带来看，东部地带的质量型人口红利效应为 1.276 0，相对较高。中部地带和西部地带的质量型人口红利效应分别为 1.179 5 和 1.174 9，中部地带的质量型人口红利效应略高于西部地带。东部地带质量型人口红利效应在三大经济带中相对较高的可能原因一是东部的人均人力资本水平相对较高,二是经济生产过程中较高的技术水平会对现有各类生产要素的阐述较高的利用效率。2000—2010 年和 2010—2020 年这两个时期的质量型人口红利效应分别为 1.140 3 和 1.095 5,两者比较接近,前一阶段的质量型人口红利效应略高。这可能是因为虽然与质量型人口红利收获相关的人力资本水平等关键因素在不断提升,但当前尚未对这些要素进行充分利用。未来有待进一步提升人力资本等关键要素的利用率,以充分发挥经济发展过程中的质量型人口红利效应。

④基于城市层面的质量型人口红利水平来看,与省级行政区层面的研究结论类似,研究期间总体上存在正向的质量型人口红利效应。分地区看,五大城市群中珠三角城市群的质量型人口红利效应相对较高,而成渝城市群的质量型人口红利效应相对较低。分时期来看,2000—2010 年和 2010—2020 年这两个阶段的质量型人口红利效应较为接近,但前一时期的值依然略微偏高。

从总体上看,2000—2020 年期间城市层面的质量型人口红利效应为 1.056 6。从五大城市群来看,珠三角城市群的质量型人口红利效应相对较高,其值为 1.578 7。成渝城市群的质量型人口红利效应水平相对较低,其值为 1.096 4。珠三角城市群内部各城市的人均人力资本水平相对较高,各类生产技术相对先进,因此给该地区质量型人口红利的获取创造了良好的条件,并且质量型人口红利效应的形成也相对更为容易。从不同时期来看,与省级行政区层面的研究结果类似,2000—2010 年和 2010—2020 年这两个阶段的质量型人口红利效应分别为 1.080 8 和 1.027 4,两者比较接近,前一阶段的质量型人口红利效应略高。其可能原因在于尽管五大城市群各个城市的人均人力资本水平在逐步提高,但是人力资本水平是否得到了有效利用这个问题值得更深入开展研究。持续提升与质量型人口红利息息相关的人力资本水平等核心要素至关重要,同时如何高效率地去使用人力资本这些核心资源以充分发挥质量型人口红利效应也是不容忽视的。

⑤基于创新资源集聚与质量型人口红利的关系来看，创新资源集聚能够通过溢出效应和规模效应正向促进全要素生产率的提升和质量型人口红利的获取。研究表明，全要素生产率具有持续性的影响和惯性作用。产业结构指数对全要素生产率存在着显著的负向作用。产业结构指数的提升与产业结构高级化水平相互匹配才有利于促进全要素生产率和质量型人口红利水平的提高。

6.2　对策建议

6.2.1　挖掘劳动力供给潜力

一是持续优化人口政策及其配套的各项经济和社会政策，并推动其在整个社会的高效实施，从而在一定程度上有助于提升整个社会的人口出生率，为实现人口长期均衡发展打下基础，并为延续数量型人口红利创造条件。二是重点解决 3 周岁以下婴幼儿看护和 3 周岁以上学龄前儿童的教育问题，提升女性劳动者在劳动力市场的参与率。一方面，可以通过医疗服务机构、托育服务中心等机构合作提供社会化的且具有普惠性质的婴幼儿看护服务；另一方面，通过提升普惠性幼儿园的数量以及在各种类型幼儿园中的占比来优化学前教育资源的地区分布，从而切实解决育龄女性的后顾之忧，缓解因家庭角色承担所带来的看护和照顾负担，督促更多的女性参与到劳动力市场活动中，提高女性劳动力的就业率。三是推迟劳动力退休的法定年龄，增加低龄老年人口参与劳动力市场工作的时间，逐步实现男女同龄退休。随着医疗水平的不断提升以及人均预期寿命的延长，现有的退休年龄已经不太适合当前的实际，有必要通过延长低龄老年人口的退休时间来进一步提升低龄老年人口的劳动参与率，从而拓展劳动力供给的数量和时间。以上三项措施均有利于挖掘劳动力供给的潜力，延续数量型人口红利的存续时间。

6.2.2　提高老龄人口消费水平

面对人口年龄结构优势逐步减弱的情况，已有文献较多地基于投资视角关注储蓄率与经济增长之间的关系，认为人们对于养老需求的考量会使得年轻时会有较高的储蓄意愿而非消费，较高的储蓄率为投资准备了必要的资金。高投资水平能够带来经济的快速增长。然而，经济发展水平的高低不仅取决于投资水平的高低，其与投资回报率的高低也密不可分。同时从需求视角来看，消费水平的提升也能有效促进经济发展水平的快速提升。随着我国逐步迈入人口老龄化时代，老龄人口成为经济体中一个较为庞大的群体。刺激这一群体的消费需求，提升他们的消费能力和消费水平，将对我国经济的较快增长和数量型人口红利的进一步收获起到十分有效的促进作用。要基于消费提升的视角进一步促进数量型人口红利水平的提高，则需要尽可能消除抑制老年人消费水平的后顾之忧，如在岗时的收入水平的高低和收入的稳定性、不同老年群体社会保障的覆盖范围以及其所能够提高的保障水平、养老消费相关产业的发展水平等。

6.2.3　优化劳动力空间配置

一是提升劳动力跨区域流动的动力。新型城镇化的建设要与劳动力流动障碍的消除齐头并进。户籍制度的放宽以及一系列有利于推动城市公共服务均等化的政策措施会给跨地区流动的劳动者在教育、医疗、养老和住房等诸多方面提供便利，从根本上激发劳动者的流动意愿，提升他们在城市居住、生活和工作方面的可能性，缓解部分农村剩余劳动力失业与城市部分基础性岗位空缺并存的局面，从而在实现人口城镇化的同时进一步推进空间城镇化，改善劳动力资源的区域错配现象，增加劳动力供给，提升劳动要素的空间配置效率。二是完善劳动力跨区域流动的管理体系和措施。

建立和优化针对流动劳动力的信息化管理大数据平台，发布关于跨区域劳动力供给和企业用工需求的相关信息，促进劳动力的跨区域就业。三是在全面推进乡村振兴战略的背景下，注重农村劳动力的技能提升，使他们从"传统农民"的身份中脱离出来，通过专业化的培训向"新型农民"这一职业进行转变，缩小城乡发展之间的差距。劳动力空间配置的优化有利于缓解失业与岗位空缺共存的现象，把潜在的劳动力资源转变为劳动力市场中的现实劳动力，劳动力供给数量得以增加，由此为收获结构型人口红利提供条件。

6.2.4　提升劳动力供给质量

一是提升劳动力的健康人力资本水平。加强健康理念的宣传，提高全民健康意识。优化医疗资源在不同层级和地区的配置，坚持以预防为主，通过有效的预防和科学的治疗相结合的方式，增强全民的健康素养，为收获质量型人口红利奠定坚实基础。二是在人均预期寿命不断延长的趋势下，充分利用低龄老年人口的人力资本优势，通过多种渠道最大限度地发挥他们的人力资本作用，为收获质量型人口红利创造更多可能性。三是积极创造促进女性劳动力公平就业的环境和条件。提高女性劳动参与率有利于在经济发展过程中充分发挥女性人力资本的作用，并在一定程度上进一步挖掘男性劳动者的人力资本经济效应。四是将创新置于首要位置，优化各类创新型人才的管理体制，充分发挥现有人力资本的创造力。五是多种渠道提升劳动力的教育人力资本水平。通过增加教育经费投入，优化教育经费的配置结构，加强职业培训，完善职业教育体系，延伸义务教育至高中，合理引导大学生就业创业方向等方式，提升整个社会的教育人力资本水平。

6.2.5　增强产业与劳动力结构匹配度

一是因地制宜，通过招商引资等方式吸引部分中低技能要求产业和劳动密集型产业向剩余劳动力较多的区域转移，就地缓解部分农村劳动力失业的现状，充分挖掘劳动力供给的潜力，发挥剩余劳动力对经济增长的贡献。二是做好各类引才、留才和聚才的政策体系，吸引国内外高端人才向特定优势产业区域集聚，有效发挥创新人才集聚的人力资本效应和经济增长效应，有利于质量型人口红利的实现。三是提高职业教育与产业劳动力需求的一致性。中等职业技术教育、高等职业技术教育以及大学本科教育中偏技术的专业的人才培养均需要与产业发展紧密结合，技能型劳动力的供给和不同产业对于产业工人的需求要能够较好地实现匹配。

6.3 研究展望

当前研究基于三维人口红利视角分析了数量型人口红利、结构型人口红利和质量型人口红利的基础条件并构建相关模型测算了三种类型人口红利的经济效应，实证分析结果在一定程度上反映了我国人口红利的水平。根据研究结果，从挖掘劳动力供给潜力、提高老龄人口消费水平、优化劳动力空间配置、提升劳动力供给质量和增强产业与劳动力结构匹配度几个维度提出了有针对性的政策建议。随着人口红利研究的深入，今后的研究可以重点关注低龄老年人口、女性劳动力、新型职业农民、高端技术人才等群体对人口红利的影响机理，并分别测算由其所创造的人口红利水平。通过比较和分析这四类群体人口红利的差异，尝试探索造成差异的原因。同时，对未来几十年总体人口红利水平进行预测，探索进一步收获人口红利的实现路径。

参考文献

蔡昉，2020. 如何开启第二次人口红利？［J］. 国际经济评论（02）：9-24.

蔡昉，2022. 人口红利：认识中国经济增长的有益框架［J］. 经济研究，57（10）：4-9.

昌忠泽，毛培，张杰，2019. 改革开放以来中国工业投资存在结构红利现象吗？——基于偏离份额法的实证分析［J］. 当代经济科学（01）：112-122.

陈友华，2005. 人口红利与人口负债：数量界定、经验观察与理论思考［J］. 人口研究（06）：21-27.

陈友华，2008. 人口红利与中国的经济增长［J］. 江苏行政学院学报（04）：58-63.

陈菲琼，韩莹，2009. 创新资源集聚的自组织机制研究［J］. 科学学研究（08）：1246-1254.

陈岱云，张世青，2019. 新中国 70 年人口年龄结构变动与人口红利效应嬗变［J］. 江海学刊（04）：15-21，254.

程开明，于静涵，2022. 中国城市土地供给错配：特征事实及对全要素生产率的影响效应［J］. 中国土地科学（08）：43-54.

池仁勇，刘娟芳，张宓之，等，2014. 创新要素集聚与区域创新绩效研究——基于浙江中小企业的实证分析［J］. 浙江工业大学学报（社会科学版）（02）：153-158.

丁利春，周佳琦，李瑞，2022. 山西能源偏向型技术进步的实证分析——基于二重嵌套的 CES 生产函数［J］. 经济问题（05）：111-118.

董翔宇，赵守国，王忠民，2020. 从人口红利到人力资本红利——基于新经济生产方式的考量［J］. 云南财经大学学报（2）：3-11.

高丽娜，蒋伏心，2011. 创新要素集聚与扩散的经济增长效应分析——以江苏宁镇扬地区为例［J］. 南京社会科学（10）：30-36.

高春亮，2020. 人口红利贡献被高估了吗？——基于人力资本积累视角的研究［J］. 南方经济（05）：65-78.

郭敏，2018. 中国劳动力供给转型探究——从人口红利到劳动参与率［J］. 现代管理科学（01）：54-56.

郭玉，姜全保. 从"人口红利"到"教育红利"［N］. 中国人口报，2020-11-23.

郭俊缨，张伊扬，2021. 中国人口发展重大转向：从数量型到质量型人口红利［J］. 人口与健康（06）：27-30.

何泽军，李莹，2018. 基于 DEA-Malmquist 指数法中国农业全要素生产率变化特征分析［J］. 河南农业大学学报，5（08）：839-844.

贺磊，2021. 人口死亡率对人力资本的影响及其异质性——兼论第二次人口红利［J］. 湖南师范大学社会科学学报，50（06）：67-75.

胡亚茹，陈丹丹，2019. 中国高技术产业的全要素生产率增长率分解——兼对"结构红利假说"再检验［J］. 中国工业经济（02）：136-154.

黄乾，2021. 从多维度研判和实现中国人口红利［J］. 中国党政干部论坛（06）：91-92.

黄凡，段成荣，2022. 从人口红利到人口质量红利——基于第七次全国人口普查数据的分析［J］．人口与发展（01）：117-126．

江永红，陈霖楠，2018．产业结构服务化对全要素生产力增速的影响机理［J］．改革（05）：87-96．

景国文，2022．知识产权示范城市与城市全要素生产率提升［J］．云南财经大学学报（10）：22-39．

焦秀琦，1987．世界城市化发展的S型曲线［J］．城市规划（02）：34-38．

金牛，黄祺雨，原新，2023．质量型人口红利的数量和质量二重效应［J］．西北人口，44（02）：28-39．

赖一飞，覃冰洁，雷慧，等，2016．"中三角"区域省份创新要素集聚与经济增长的关系研究［J］．科技进步与对策（23）：32-39．

李竞博，原新，2020．如何再度激活人口红利——从劳动参与率到劳动生产率：人口红利转型的实现路径［J］．探索与争鸣（02）：131-139，160．

李钢，梁泳梅，沈可挺，2016．质量型人口红利对中国未来经济影响评估［J］．中国经济学人（01）：112-125．

李海峥，李波，裘越芳，等，2014．中国人力资本的度量：方法、结果及应用［J］．中央财经大学学报（05）：69-78．

李海峥，苏妍，熊咸芳，等，2021．基于工资的人力资本度量：从微观个体到宏观总量［J］．计量经济学报（03）：518-540．

李馨，2022．高层次人口红利对流通业发展水平的影响［J］．商业经济研究（06）：17-20．

连蕾，卢山冰，2015．科技资源区域集聚效应与创新效率研究［J］．科学管理研究，33（02）：40-43．

林青宁，毛世平，2022．产业协同集聚、数字经济与农业全要素生产率［J］．中国农业大学学报，27（08）：272-286．

刘和东，2013．国内市场规模与创新要素集聚的虹吸效应研究［J］．科学学与科学技术管理（07）：106–114.

刘华军，雷名雨，2019．中国结构红利的空间格局及其大国雁阵模式［J］．中国软科学（03）：86–102.

刘春阳，马洪范，2021．人口红利有条件可持续增长［J］．财政研究（6）：119–129.

刘璇，李长英，2022．产业结构变迁、互联网发展与全要素生产率提升［J］．经济问题探索（07）：124–138.

陆明涛，刘濲，2016．人力资本测度与国际比较［J］．中国人口科学（03）：55–68.

罗植，赵安平，2014．中国省际人力资本估算1978–2010——对现有方法的改进［J］．劳动经济研究（2）：41–59.

楠玉，2022．中国人口红利源泉：教育、健康和人口年龄结构［J］．经济与管理评论，38（02）：18–30.

彭有为，梁雪梅，尚东星，2022．基于三阶段DEA与Malmquist指数分解的中国高技术产业全要素生产率研究［J］．科技管理研究（15）：115–122.

单豪杰，2008．中国资本存量K的再估算：1952—2006年［J］．数量经济技术经济研究（10）：17–31.

孙景蔚，2005．基于损耗的人力资本估算——以长江三角洲经济区三省市为例［J］．中国人口科学（02）：61–67.

孙学涛，张广胜，2020．技术进步偏向对城市经济高质量发展的影响——基于结构红利的视角［J］．管理学刊（06）：36–47.

孙学涛，2022．数字金融发展能否促进结构红利释放？［J］．现代经济探讨（08）：40–54.

唐根年，管志伟，秦辉，2009．过度集聚、效率损失与生产要素合理配置研究［J］. 经济学家（11）：52-59.

唐代盛, 盛伟, 2019. 人口城市化、结构红利与时空效应研究——以劳动力市场效率为视角［J］. 中国人口科学（05）：29-42.

唐代盛, 2020. 中国人口红利动力转换及其发展策略［J］. 人民论坛（8）：84-87.

铁瑛, 张明志, 陈榕景, 2019. 人口结构转型、人口红利演进与出口增长——来自中国城市层面的经验证据［J］. 经济研究（05）：164-180.

童纪新, 李菲, 2015. 创新型城市创新集聚效应比较研究——以上海、南京为例［J］. 科技进步与对策（19）：35-39.

王德劲, 2008. 基于成本方法的中国人力资本估算［J］. 统计与信息论坛（01）：22-28.

王立胜, 孙泽玮, 2019. 从人口红利到结构红利：70年经济奇迹的社会主义背景［J］. 马克思主义与现实（04）：8-13.

王振华, 孙学涛, 李萌萌, 等, 2019. 中国县域经济的高质量发展——基于结构红利视角［J］. 软科学（08）：68-72.

王燕, 申探明, 2019. "中等收入陷阱"在中国存在吗？——人口红利与技术进步的视角［J］. 江西社会科学（03）：49-58, 254-255.

王淑英, 王洁玉, 寇晶晶, 2020. 创新资源流动对区域创新绩效的影响研究——空间视角下金融集聚调节作用的实证检验［J］. 科技管理研究（03）：57-64.

王连, 周之浩, 张维星, 2022. 人口红利的经济效应——基于质量和数量的双重研究视角［J］. 统计学报（03）：28-41.

王晓彦, 欧娇娇, 2022. 产业集聚对高技术产业全要素生产率的空间溢出效应分析［J］. 苏州科技大学学报（社会科学版）（04）：27-35.

王广州, 刘旭阳, 2022. 中国人口机会窗口与人口红利变化历程研究［J］. 中国特色社会主义研究（02）：64-78.

魏后凯，2011. 我国城镇化战略调整思路［J］. 中国经贸导刊（07）：17-18.

魏后凯，2015. 中国馆城镇化的进程与前景展望［J］. 中国经济学人，10（02）：102-121.

魏如鑫，吴宏洛. 积极破解职业女性母职困境［N］. 中国人口报，2023-03-22.

吴福象，沈浩平，2013. 新型城镇化、创新要素空间集聚与城市群产业发展［J］. 中南财经政法大学学报（04）：36-42.

吴卫红，董姗，张爱美，等，2020. 创新要素集聚对区域创新绩效的溢出效应研究［J］. 科技管理研究（05）：6-14.

向熠，叶言，缪甜甜，等，2022. 长江经济带农业全要素生产率提升路径研究——基于38市的DEA与fsQCA分析［J］. 中国农业资源与区划（09）：1-21.

徐现祥，周吉梅，舒元，2007. 中国省区三次产业资本存量估计［J］. 统计研究，24（05）：6-13.

徐诺金，2018. 人口红利与中国经济增长：基于人口结构和质量的分析［J］. 征信（08）：1-11.

徐春华，龚维进，2023. 人口红利区域分布失衡与空间发展不平等：劳动力价值低估视角［J］. 兰州学刊（03）：31-48.

薛斯，邓力源，2016. 人口红利的结构分解与经济增长的实证研究［J］. 中国劳动（09）：9-17.

颜色，郭凯明，杭静，2022. 中国人口红利与产业结构转型［J］. 管理世界，38（04）：15-33.

杨成钢，闫东东，2017. 质量、数量双重视角下的中国人口红利经济效应变化趋势分析［J］. 人口学刊（05）：25-35.

杨成钢，2018. 人口质量红利、产业转型和中国经济社会可持续发展［J］.

东岳论丛（01）：46-53.

杨向阳，潘妍，童鑫乐，2019. 因地制宜：产业结构变迁与全要素生产率——基于230个城市的经验证据[J]. 北京工商大学学报（社会科学版）（02）：104-115.

杨博旭，王玉荣，李兴光，等，2020. 从分散到协同：高新技术产业创新要素集聚发展路径[J]. 科技管理研究（12）：142-149.

叶宗裕，2014. 全国及区域全要素生产率变动分析——兼对C-D生产函数模型的探讨[J]. 经济经纬（1）：14-19.

尹秀芳，2016. 劳动力转移的结构红利效应研究[J]. 经济问题探索（1）：33-41.

余泳泽，刘大勇，2013. 创新要素集聚与科技创新的空间外溢效应[J]. 科研管理（01）：46-54.

虞义华，赵奇锋，鞠晓生，2018. 发明家高管与企业创新[J]. 中国工业经济（03）：136-154.

原新，周平梅，2018. 中国第二次人口红利之窗正在开启[J]. 江苏行政学院学报（05）：53-61.

原新，刘绘如，2019. 中国人口红利研究的发展——基于文献综述视角[J]. 西北人口（05）：60-68.

原新，金牛，刘旭阳，2021. 中国人口红利的理论建构、机制重构与未来结构[J]. 中国人口科学（03）：17-27，126.

原新，金牛，2021. 新型人口红利是经济高质量发展的动力源[J]. 河北学刊（06）：109-116.

原新，金牛，2021. 中国人口红利的动态转变——基于人力资源和人力资本视角的解读[J]. 南开学报（哲学社会科学版）（02）：31-40.

袁益，李萌，张力，2022. 人口红利重构的挑战：基于国民转移账户的分析[J]. 人口研究，46（04）：99-113.

岳会，于法稳，蔡馨燕，2022．我国粮食全要素生产率测算研究——基于投入产出的 Malmquist-DEA 分析［J］．价格理论与实践（05）：122-125．

云伟宏，2009．中国人力资本估算及其对中国经济增长的贡献［J］．湖北经济学院学报（04）：18-26．

张军，吴桂英，张吉鹏，2004．中国省际物质资本存量估算：1952-2000［J］．经济研究（10）：35-44．

张军，陈诗一，Gary H. Jefferson，2009．结构改革与中国工业增长［J］．经济研究（07）：205-240．

张月玲，吴涵，叶阿忠，2016．要素集聚及外溢对中国经济发展效率的影响［J］．软科学，30（07）：24-29．

张同斌，2016．从数量型"人口红利"到质量型"人力资本红利"——兼论中国经济增长的动力转换机制［J］．经济科学（05）：5-17．

张斯琴，张璞，2017．创新要素集聚、公共支出对城市生产率的影响——基于京津冀蒙空间面板数据的实证研究［J］．华东经济管理（11）：65-70．

张俊良，张兴月，2018．人口红利理论与中国人口红利问题研究［J］．社会科学研究（06）：114-121．

张车伟，2018．中国人口与劳动问题报告 No. 19——中国人口与劳动经济 40 年：回顾与展望［M］．北京：社会科学文献出版社．

张建，李占风，2020．对外直接投资促进了中国绿色全要素生产率增长吗？［J］．国际贸易问题（7）：159-174．

张鹏，施美程，2021．从人口红利到人口负债：新发展阶段人口转型问题研究［J］．江淮论坛（06）：20-27，82．

张明，胡壮程，2022．产业结构变迁、人口红利与中国经济增长——基于改进转换份额法的实证分析［J］．河南师范大学学报（哲学社会科学版），

49（06）：80-87.
张维星，周之浩，2023. 质量数量双重视阈下人口红利的经济效应研究——基于半参数可加面板模型［J］. 统计理论与实践（03）：44-49.
张樨樨，郑珊，2021. 后人口红利时期劳动力省际流动新特征与空间效应［J］. 社会科学战线（7）：63-73，282.
赵春燕，2018. 人口红利、结构红利与区域经济增长差异［J］. 西北人口，39（06）：23-31.
赵诗意，袁鹏，2020. 中国研发生产率增长是否存在结构红利［J］. 中国科技论坛（10）：66-75.
赵永平，汉玉玲，2022. 农业全要素生产率动态演进、空间分异与影响因素分析［J］. 山东财经大学学报（05）：28-38.
赵莎莎，2022. 网络基础设施、人力资本与全要素生产率——基于国内大循环中技术循环的经验分析［J］. 现代经济探讨（10）：39-49.
钟水映，赵雨，任静儒，2016. “教育红利”对“人口红利”的替代作用研究［J］. 中国人口科学（02）：26-34，126.
钟妙苑，2022. 基于 DEA-Malmquist 模型的长江经济带粮食全要素生产率研究［J］. 浙江农业科学，63（09）：2171-2178.
周元元，冯南平，2015. 创新要素集聚对于区域自主创新能力的影响：基于中国各省市面板数据的实证研究［J］. 合肥工业大学学报（社会科学版）（03）：57-64.
周杰文，张云，蒋正云，2018. 创新要素集聚对绿色经济效率的影响——基于空间计量模型的实证分析［J］. 生态经济（06）：57-62.
周鹏飞，谢黎，王亚飞，2019. 我国农业全要素生产率的变动轨迹及驱动因素分析——基于 DEA-Malmquist 指数法与系统两步 GMM 模型的实证考察［J］. 兰州学刊（12）：170-186.
周健，2021. 第二次人口红利视域下的我国教育红利——基于日本的比较研究［J］．理论与改革（06）：116-127.

朱平芳，徐大丰，2007．中国城市人力资本的估算［J］．经济研究（09）：84-95.

卓乘风，艾麦提江·阿布都哈力克，白洋，等，2017．创新要素集聚对区域创新绩效的非线性边际效应演化分析［J］．统计与信息论坛（10）：84-90.

邹文杰，2015．研发要素集聚、投入强度与研发效率——基于空间异质性的视角［J］．科学学研究（03）：390-397.

宗振利，廖直东，2014．中国省际三次产业资本存量再估算：1978-2011［J］．贵州财经大学学报（03）：8-16.

Andrew Mason，Ronald Lee，2006．Reform and Support Systems for the Elderly in Developing Countries：Capturing the Second Demographic Dividend［J］．Genus，62（02）：11-35.

Barff R A，III P L K，1988．Dynamic shift-share analysis［J］．Growth and Change，19（02）：1-10.

Battese G E，Coelli T J，1992．Frontier production functions，technical efficiency and panel data：with application to paddy farmers in India［J］．Journal of Productivity Analysis（03）：153-169.

Fare R，Grosskopf S，Norris M，et al，1994．Productivity growth，technical progress，and efficiency change in industrialized countries［J］．American Economic Review，84（01）：66-83.

Fabricant S，1942．Employment in manufacturing，1899-1939：An analysis of its relation to the volume of production［J］．NBER Books.

Herliana S，2015．Regional innovation cluster for small and medium enterprises：A triple helix concept［J］．Procedia-Social and Behavioral Sciences（169）：151-160.

Hopenhayn H A, 2014. Firms, misallocation, and aggregate productivity: a review [J]. Annual Review of Economics, 13 (06): 47-55.

Li Gang, Liang Yongmei, Shen Keting, 2016. Assessment of China's Qualitative Demographic Dividend for Economic Growth during 2016-2020 [J]. China Economist, 11 (1): 112-125.

Malmquist S, 1953. Index numbers and indifference surfaces [J]. Trabajos De Estada, 4 (02): 209-242.

Mason A, Lee R, Jiang JX, 2016. Demographic Dividends, Human Capital, and Saving [J]. The Journal of the Economics of Ageing (07): 106-122.

M. Mazharul Islam, 2020. Demographic transition in Sultanate of Oman: emerging demographic dividend and challenges [J]. Middle East Fertility Society Journal (2): 1-14.

Paul Krugman, 1991. Increasing returns and economic geography [J]. Journal of Political Economy, 99 (03): 483-499.

Perloff H S, Lampard E E, Keith R F, 1960. Regions, resources, and economic growth [M]. Lincoln: University Nebraska Press.

Ray. M. Northam, 1979. Urban Geography [M]. New York.

Riccardo Crescenzi Andrés Rodríguez-Pose, Michael Storper, 2007. The territorial dynamics of innovation: a Europe-United States comparative analysis [J]. Journal of Economic Geography, 7 (06): 673-709.

Rui Baptista, Peter Swann, 1998. Do firms in clusters innovate more? [J]. Research Policy, 27 (5): 525-540.

Shum P, Lin G, 2010. A resource-based view on entrepreneurship and innovation [J]. International Journal of Entrepreneurship and Innovation Management, 11 (03): 264-281.

Thirlwall A P, 1967. A measure of the 'proper distribution of industry' [J] . Oxford Economic Papers, 19（01）: 46–58.

Zarina Kazbekova, 2018. Impact of the demographic dividend on economic growth [J] . Population and Economics, 2（4）: 85–135.